Régis Debray et la médiologie

CRIN
Vol. 47

Les *CRIN* (Cahiers de recherche des instituts néerlandais de langue et de littérature françaises) réunissent, sans périodicité fixe, des travaux d'analyse littéraire.

Direction : Franc Schuerewegen, Marc Smeets

Adresse: *CRIN*
Université de Nimègue
Langues et littératures romanes
BP 9103
NL – 6500 HD Nimègue
Tél. (0)24 – 36 12 88 7
Fax (0)24 – 36 11 88 2
E-mail : f.schuerewegen@let.ru.nl
          m.smeets@let.ru.nl

Régis Debray et la médiologie

Etudes réunies par
Stéphane Spoiden

Rodopi

Amsterdam - New York, NY 2007

Illustration couverture par Martine Legrand.

The paper on which this book is printed meets the requirements of
'ISO 9706: 1994, Information and documentation - Paper for documents -
Requirements for permanence'.

Le papier sur lequel le présent ouvrage est imprimé remplit les prescriptions
de 'ISO 9706: 1994, Information et documentation - Papier pour documents
- Prescriptions pour la permanence'.

ISBN-13: 978-90-420-2160-0
©Editions Rodopi B.V., Amsterdam - New York, NY 2007
Printed in The Netherlands

TABLE DES MATIERES

Stéphane Spoiden, University of Michigan at Dearborn

MEDIO/MEDIA – INTRODUCTION

« Médiologie : quesaco ? », interrogeait à une époque le site internet consacré à la médiologie[1]. Pourquoi une énième « logie » dans un concert de disciplines intellectuelles déjà encombré ?

Afin de jeter la lumière sur ce néologisme, nous avions invité les principaux médiologues, y compris son initiateur Régis Debray, afin de nous éclairer sur cette pratique relativement nouvelle lors d'un colloque organisé à l'Université d'Anvers en novembre 2002. En théorie, les associations de la médiologie avec l'histoire, l'anthropologie et la philosophie nous paraissaient évidentes. L'objectif des organisateurs était donc de présenter la médiologie dans le contexte plus large des disciplines dites connexes, notamment la sémiologie, et de susciter un dialogue avec des spécialistes travaillant sur le couple « texte-image ». Car si la médiologie est un sport d'équipe, elle aime se « frotter » aux autres méthodes d'investigation intellectuelle, s'hybridiser ou créer des interfaces. L'on sait que la médiologie s'exporte bien dans certains pays comme le Japon. Cependant, son succès reste principalement confiné à l'Hexagone. Il s'agissait donc, suite à une série de colloques « médio » organisés en France, de sortir la médiologie de son espace originel ; en un mot, de tenter en toute modestie de l'européaniser.

Le but de la médiologie est « d'élucider les mystères et paradoxes de la transmission culturelle ». Pour qu'il y ait transmission il faut nécessairement qu'il y ait communication d'un message et présence d'une communauté. Constituer une communauté, du moins temporaire et espérons-le durable, tel était également l'un des buts du colloque. Non pas que nous étions nécessaire-ment d'accord sur tout, et notamment sur ce que la médiologie se doit d'étudier, mais il s'agissait de reconnaître que nous parlions de choses com-munes. Il s'agissait également pour les organisateurs de savoir au juste ce que la médiologie pouvait apporter à d'autres disciplines ; notamment au champ littéraire puisque les organisateurs du colloque et de nombreux participants ont été formés et professent dans des facultés de lettres.

En outre, à observer le développement monolithique des *media studies* d'orientation anglo-américaine, il nous semblait – et ceci est beaucoup plus personnel – que la médiologie pourrait prétendre à s'ériger en alternative, ou complément nécessaire, à une pratique qui a du mal à s'imposer en Europe continentale. Sans doute, est-ce là une vue particulière, sinon idiosyncratique,

---

[1] Voir le site http://www.mediologie.org

d'un Européen travaillant aux Etats-Unis où les *media studies* sont peu contestées dans leurs a priori ! Il n'en reste pas moins que les analyses média qui ont cours dans le nouveau monde comportent une énorme tache aveugle. Un point parmi tant d'autres. La neutralité de la technique y est chose acquise et peu contestée, avec comme corollaire que l'analyse politique – souvent ancrée dans un combat d'*identity politics* – prévaut sans pour autant aboutir à une réflexion sur le support technique. En contrepoint, la médiologie tient pour acquis que le choix du support est en soi un geste politique. La question des objets d'investigation est autre point de divergence. Les *media studies* se concentrent le plus souvent sur l'impact culturel des dernières innovations techniques tandis que la médiologie voyage plus dans l'histoire. Quoi qu'il en soit, arguons que médio et média doivent coexister, sinon créer un dialogue. Dit d'une autre façon, il doit y avoir du médio dans le média.

        Cette coexistence est aussi une question de diversité comme on parle de bio-diversité. Les *media studies* d'obédience anglo-américaine reproduisent logiquement la domination culturelle de même origine. Et puisque l'on verse dans le vocabulaire écologique, une « médio-écolo » pourrait bien constituer l'un des développements les plus prometteurs de la discipline. Il ne s'agit pas exactement de politique ici, encore moins d'un militantisme, même si le travail du médiologue consiste souvent à recouvrer et à conserver ce qui est enfoui dans le compost de l'histoire, et l'on sait que cette pratique n'est pas neutre. « On fait de l'avenir avec des restes » et la médiologie est certes adepte du recyclage. Disons-le sans ambages, on aimerait voir la médiologie devenir pour la production culturelle ce que l'écologie est à la biologie, c'est-à-dire une médio-éthique, comme Debray l'a (trop) discrètement suggéré à plusieurs occasions dans ses ouvrages[2]. Dans la dixième leçon du *Cours de médiologie générale*, il soumet une « Proposition pour une médiologie civique »[3]. Plus récemment, dans son *Introduction à la médiologie*, il se lance « Vers une techno-éthique » qui rapproche la discussion des récents débats de bio-éthique, intimant ainsi que nous nous devons d'être aussi responsables de la production technologique, et donc culturelle, que de la biologie[4]. Curieusement, ce sujet est souvent traité en fin d'ouvrage, non pas comme *afterthought*, mais, semble-t-il, comme un projet en construction, qui n'aurait pas encore trouvé sa voie. Non pas que Debray se refuse à un quelconque engagement éthique de la médiologie. Mais on comprend bien que Debray ne veuille en aucun cas associer un engagement médio-éthique à un projet politico-moral. Au total, Debray souhaite que la médiologie dans sa pratique médio-éthique s'en tienne à l'acception première d'écologie, c'est-à-dire comme analyse des rapports entre éléments dans un éco-système ; donc, d'une écologie fondamentale, descriptive et explicative, et non d'une écologie militante, voire dogmatique. Dans son

[2]   Régis Debray, *Manifestes médiologiques*, Paris, Gallimard, 1994, pp. 138-148. Debray dit notamment « Faire comme si la médiologie pouvait devenir à la sémiosphère ce que l'écologie est à la biosphère » (138).
[3]   Régis Debray, *Cours de médiologie générale*, Paris, Gallimard, 1991, pp. 301-325.
[4]   Régis Debray, *Introduction à la médiologie*, Paris, PUF, 2000, pp. 206-215.

Introduction à la médiologie, Debray insiste sur le fait que la médiologie n'a pas de « croyance à promouvoir », ni « aucun vilain à dénoncer »[5]. Elle appelle simplement à une politique de la technique et de la transmission[6], et accessoirement à un engagement citoyen au delà du politique.

Mais, *in fine*, et outre sa mise en garde contre les travers de la prescription et du jugement moral, Debray tient surtout à éviter de faire de la médiologie une variante des *media studies*, c'est-à-dire inféodée au présentisme et aux dernières avancées technologiques, en arguant qu'il s'agit davantage d'une pratique d'archives à caractère philosophique, voire anthropologique.

Outre son intérêt pour le support technique, l'originalité de la médiologie repose également dans son goût pour la transversalité, ce que Debray appelle la « diagonale du médiologue ». Goût non gratuit puisque la transdisciplinarité qui en découle comporte l'avantage de dynamiser la recherche par le dynamitage des cloisonnements universitaires. Elle produit une faculté d'intégrer des micro-événements/éléments (en biologie on dirait micro-organismes) jugés tels parce que les disciplines traditionnelles les ont isolés de l'ensemble global et en ont minimisé l'importance. La médiologie connecte des éléments jugés disparates et les replace dans un macro-système, un éco-système, ou médio-système tout comme l'écologie au dix-neuvième siècle s'était donné pour but d'étudier les relations de l'organisme à son environnement.

Les médiologues nous en parleront plus en détail dans les articles qui suivent mais signalons encore à l'attention du lecteur l'importance des « quatre M » en médiologie, à savoir le message, le médium, le milieu et la médiation. Cette façon de faire, plus compréhensive que toute autre approche dans l'étude de la transmission, contribue aussi à une plasticité accrue, à un degré d'adaptation de la pratique selon l'objet d'analyse et selon que l'on insiste sur l'un ou l'autre M tout en les considérant ensemble.

Enfin, nous ne pourrions clore cette introduction sans mentionner la dette que la médiologie reconnaît à André Leroi-Gourhan dont l'idée maîtresse était que nous, humains, formons nos outils mais également que nos outils nous forment. Le Canadien Marshall McLuhan avait également compris que cette notion constituait l'un des grands ressorts de la production culturelle quand il affirmait que chaque avancée technologique redéfinit la civilisation ou l'humanité et la traumatise. C'est une des particularités de la médiologie, qui évite toutefois de reconnaître toute dette excessive à McLuhan, d'avoir placé au plus haut niveau les enseignements du paléontologue dans la constitution de la médiologie. A toute pensée médio préside effectivement un « choc » provoqué par une transformation technologique qui confère parfois, et de façon excessive au goût de certains critiques, un parfum de nostalgie.

Est-ce que la réconciliation du technique et de l'épistémologique (tekhnè/épistémê) opérée par la médiologie contribue, et contribuera à

---

[5]   *Ibid.*, p. 181.
[6]   *Ibid.*, p. 201.

produire une relecture inédite de l'histoire culturelle ? Si c'est le cas, alors on peut arguer que la médiologie constitue bel et bel un développement majeur de l'analyse historico-culturelle.

Voilà pêle-mêle les interrogations et réflexions sur et autour de la médiologie qui ont émergé de notre colloque, ou du moins celles que notre mémoire sélective a retenues. Et que l'on veuille bien nous pardonner si toutefois certains aspects de la discussion ont été omis.

C'est aux médiologues attitrés que revient l'honneur d'ouvrir ce volume. A l'heure des comptes où se situe la médiologie ? L'initiateur de la médiologie, Régis Debray, répond avec candeur à cette question et nous présente un état des lieux de la maison médiologique. Si Régis Debray nous fait le bilan de la médiologie, Daniel Bougnoux nous entretient de sa pratique. « Que fait la médiologie ? » est la question que pose cet essai. Bougnoux propose une réflexion sur les spécificités de l'enquête médiologique notamment en rapport, ou en opposition aux études médias. Les termes clé d'efficacité symbolique, de milieu, de technique, de medium et messages sont explicités de façon on ne peut plus claire. Louise Merzeau, quant à elle, vient compléter le tableau en se penchant particulièrement sur la question de la médiation, cet entre-deux essentiel à la médiologie et investi par le technique dont la dimension politique (de mémoire) ne peut être éludée.

Nathalie Roelens, à propos des relations de voisinage qu'entretient la médiologie avec d'autres disciplines, établit un dialogue fructueux entre sémio et médio à travers une analyse du thème de l'annonciation en peinture.

Ensuite, nous donnons la parole à des réflexions qui se trouvent soit en marge de la médiologie, soit en contiguïté dans le domaine de l'analyse média. L'efficacité symbolique dont s'occupe la médiologie est également centrale à la recherche intellectuelle poursuivie par Pierre Lévy, notamment dans son projet de création de langue de l'intelligence collective ou Web sémantique. De son côté, Olivier Blondeau nous offre une analyse des derniers développements médias ainsi qu'une réflexion sur le journalisme suite à l'apparition de nouveaux phénomènes que l'on appelle désormais « post-media ». Il retient notamment que les nouveaux médias alternatifs cherchent avant tout à créer de nouveaux circuits de communication et des nouvelles formes de collaboration sociale.

La médiologie vue de l'Amérique, tel pourrait être le thème des trois articles suivants. Stéphane Spoiden propose une analyse explicative de la fin de non-recevoir, à la fois logique et paradoxale, de la pratique médiologique outre-Atlantique. Tandis que Wayne Woodward affirme qu'il existe bien des liens, certes complexes, entre différentes pratiques nord-américaines et médio. Il apporte également quelques clarifications sur les notions très discutées de « communication » et de « transmission ». Il conclut en suggérant que les forces combinées d'un certain type de recherche en Amérique du Nord et de la médiologie pourraient aboutir à de futures innovations dans le domaine médio- et média-logique. Enfin, Jeffrey Mehlman nous propose une analyse des partis pris politiques et du parcours tout en chiasmes de la carrière de Régis Debray. Cet article constitue une illustration, de la meilleure veine, de la réception de l'œuvre immense de Régis Debray dans les milieux universitaires aux Etats-Unis qui omet volontiers son pendant médiologique au profit de ses essais politiques et écrits autobiographiques.

« Médiologie : quesaco ? Un néologisme. Formé sur *médium* et - *logie*, suffixe, du gr. *logos*, discours, servant à désigner un domaine d'études méthodiques. Médiologie : l'étude des véhicules ou 'médiums' (voir ce mot). Bizarre… ?[7] »

Bizarre ? Vous avez dit « bizarre » ! Pour en savoir plus, nous invitons le lecteur à tourner la page et voir de lui-même.

---

[7] Il s'agit du texte de quatrième de couverture des *Cahiers de médiologie* consacré à « Pourquoi des médiologues ? », numéro 6, Paris, Gallimard, 1998.

La médiologie par les médiologues

Ou en est-on « vingt ans apres ? »[1]

Votre assemblée me fait un honneur qui me dépasse moralement et épistémologiquement, car il touche au point aveugle de tout un chacun : de quoi avons-nous l'air, vu de dos ? Une médiologie des médiologues, ou comment se transmet l'étude des faits de transmission ? Où en est-on « vingt ans après » ? D'autant plus pervers, ou sagace, cette question, que le geste médio est né précisément de ce constat de carence… : pas d'histoire marxiste de la diffusion du marxisme. « *Verum index sui* », la vérité est toute puissante parce qu'elle est vraie. Pas d'histoire chrétienne de la propagation du christianisme, qui est un miracle (la parole de Dieu ne peut pas ne pas diffuser). Et les comtistes ne se demandent pas pourquoi la religion de l'humanité, finalement, cela n'a pas marché…

Un bilan ? ce serait entre un carnet de bal et un C.V. collectif. Car la médio est *un sport d'équipe* (mais pas un sport de combat : elle n'a pas de message à délivrer, elle étudie comment se délivrent les messages, au sens balistique de l'anglais : *to deliver* une charge explosive, la transporter à bon port). Carnet de bal : avec qui nous avons dansé… ? Avec des loups, des fées, des Princes… Comment on *a pu faire groupe*, comment se constitue un groupe convictionnel, *comment une conviction se fait* organisation quand elle n'a aucune *base institutionnelle*, ni *tutelle disciplinaire* ? Ce type d'opération, dit-on, commande qu'on se fasse des amis ici et là, et aussi beaucoup d'ennemis. Reconstituer cette trajectoire, c'est un travail d'archiviste, qui m'échappe un peu. Essayons quand même.

I. Actifs

On versera dans la colonne des actifs :
- une revue, organe de médiation très classique (*Les Cahiers de médiologie*, 14 numéros en sept ans) ;
- des colloques (Assemblée Nationale, Ministère des Transports, etc…)
- le club médiologique, où chaque mois une personnalité est invitée (dernier en date, Daniel Buren) ; ce mois-ci.

---

[1] Transcription de l'intervention de Régis Debray par Catherine Bertho Lavenir, Assemblée générale de l'Association pour la Défense de l'Histoire Culturelle, Salle Louis Liard à la Sorbonne 28 septembre 2002.

- des invitations à l'étranger, Brésil, Corée, Portugal, Espagne, dont la géographie n'est pas indifférente. On invite les médiologues au Japon mais pas en Allemagne ni aux Etats-Unis.
- des émissions de radio, avec Pierre-Marc de Biasi ;
- des mots passés dans le langage journalistique : « médiocratie », « vidéosphère »…
- quelques cas avérés de transposition pure et simple sans indication de source : par exemple le numéro de la revue _Sciences Humaines_ consacré à « Transmettre », ce dont il faut se réjouir. Ainsi va la vie des idées.
- Etc. Le mot de sociologie est apparu en 1837. Où en était la discipline vingt ans après ? Même en 1897, le bilan eût été encore mitigé…

II. La médiologie contre l'histoire culturelle ?

Qu'avons nous fait, nous demandera-t-on, en dix ans d'agitation modérée mais constante, qui soit foncièrement différent de l'histoire culturelle ? Était-ce bien la peine d'inventer un mot, de fonder une revue, d'agiter le Landerneau, pour faire, au fond, ce que d'autres font bien et depuis longtemps d'excellents chercheurs : l'histoire des productions culturelles et de leur institution ?

Par quoi la médiologie pourrait-elle donc se distinguer de l'histoire culturelle, avec laquelle, ne le nions pas, elle a beaucoup à voir, plus, à laquelle elle doit beaucoup ? Par la visée _typologique_, en premier lieu. La médiologie sous cet angle est à l'histoire culturelle ce que la sociologie est à l'histoire tout court, et l'approche théorique ou transversale à l'approche génétique ou monographique. Elle recherche, à travers les phénomènes singuliers, les mécanismes généraux de la transmission culturelle. Tocqueville n'invalide pas Michelet, ni Seignobos. Simplement, le propos qui est le sien – dégager les constantes de la modernité démocratique – l'oblige au comparatisme, à d'incessantes navettes entre les États-Unis, la France et la Grande-Bretagne. De même, pour dégager les logiques qui sous-tendent et traversent le devenir des cultures humaines, il nous faut multiplier les variations empiriques, confronter par exemple l'imprimerie en Corée et en France, ou encore l'oralité médiévale en Europe et l'oralité haïtienne aujourd'hui.

Mais au-delà de cette banalité épistémologique, il y a plus sérieux : notre définition de la culture. Vous la caractérisez comme « l'ensemble des représentations collectives propres à une société ». L'histoire sociale de la culture a d'immenses mérites, mais elle se trouve à nos yeux handicapée par le terme idéaliste, mentaliste, subjectif de « représentation », reçu en héritage mais sans droit d'inventaire d'une tradition philosophique du XIXe siècle, notamment marxiste qu'on pourrait caricaturer ainsi : « la culture, c'est ce qui se passe dans la tête des gens, ou dans les hauteurs des sociétés ». À nos yeux, les représentations et les imaginaires sociaux sont inséparables des systèmes et dispositifs techniques qui les organisent, les suscitent ou les font disparaître. Le médiologue retourne les cartes pour comprendre le jeu. Et la deuxième différence, découlant de la première, serait celle-ci : la vision en dynamique, qui s'intéresse moins aux configurations qu'aux transfigurations, à la photographie qu'au cinéma des cultures, et moins aux cartes telles qu'elles sont distribuées dans tel ou tel groupe à un moment donné qu'aux parties en cours. Nous lorgnons *le dessous des cartes*, ou les *supports* objectifs des cultures vécues (d'ordre à la fois technique et institutionnel), disons pour faire image : sous le féminisme, la bicyclette. Sous la République, le chemin de fer. Et nous voulons remonter vers l'amont, aux grands opérateurs de distribution des valeurs et des idées que sont les systèmes de domestication de l'espace et du temps qui sous-tendent les civilisations. Dit ainsi, c'est une ambition un peu folle, mais cela peut se monnayer en enquêtes et découvertes ponctuelles. Parce que la technique est impie. Elle ne s'arrête jamais et ne respecte rien.

À quoi s'intéresse donc précisément le médiologue ? Pas aux médias en tout cas. Médiologie, néologisme catastrophique, a, en ce domaine, suscité un malentendu fatal. Pour chacun, en effet, il est devenu synonyme de « sociologie des médias ». Or sur les quatorze numéros parus de la revue, aucun n'est consacré aux médias. Le médiologue ne s'intéresse pas fondamentalement aux médias. Ou à peine. Ce qui l'intéresse, ce sont les médiations techniques et organisationnelles de la culture.

Son objet, ce sont les médiations techniques et organisationnelles de la culture, ainsi que les médiations culturelles de la technique. Ce sont les *interactions* entre deux niveaux curieusement cloisonnés : le phénomène « technique » et le phénomène « culturel ». Pour les étudier, nous nous accordons sur un nombre restreint de propositions.

Proposition numéro un : le médium n'est pas donné : il est à construire. Ce n'est pas un vecteur neutre mais il n'est pas non plus le tout de la communication : l'imprimerie ne diffuse pas une idée nationale qui lui préexisterait.

Proposition numéro deux : il existe une opposition centrale entre transmission et communication, objets de prédilection, respectivement, des historiens de la culture et des anthropologues.

Proposition numéro trois : lorsque l'on parle de technique il faut aller au delà d'une approche mécaniste. L'écriture, ce ne sont pas seulement les caractères en plomb.

Proposition numéro quatre : le médium a toujours deux faces : une technique et une institutionnelle. Le monde américain privilégie la première, les Européens, la seconde.

III. Passif

Un bilan, c'est aussi un passif.

Au passif, il faut mettre d'abord l'obstacle représenté par le principal médiateur de ce projet, dont l'image sociale et politique obère le développement. Le journalisme, même dans la rubrique « Culture », s'intéresse d'abord aux hommes. La personnalisation d'un champ est un accident constant dans la vulgarisation scientifique. Nous n'y avons pas échappé.

Au passif aussi, figure la somme de malentendus engendrés par un mot en quête de ses médiations. Nous ne nous intéressons pas aux institutions et à leurs mots (c'est votre problème), mais aux mots et à leur devenir-institution (c'est le nôtre).

Au passif, enfin l'institutionnalisation, si modeste qu'elle soit, de la médiologie. Un mot qui ne crée pas son institution est appelé à disparaître. Mais l'institution, sitôt en branle, à la fois accrédite et déforme le sens.

IV. Pourquoi ?

Pourquoi s'être lancé dans cette aventure? En premier lieu parce que le devenir-force d'une production symbolique est une question centrale. Karl Marx se posait la question : comment les idées, s'emparant des masses, peuvent-elles devenir force matérielle ? Il ne répondait pas… L'idéologie est un concept du XVIIIe siècle, le reflet inversé du réel dans la glace. C'est une conception spéculative avec laquelle il s'agit de rompre dès lors qu'on veut comprendre l'efficacité symbolique. Face à l'affirmation « gouverner c'est faire croire » nous nous demanderons quelles sont les technologies du faire croire. Sommés de donner une définition essentialiste de l'intellectuel, nous rappellerons en termes purement opératoires que l'homme d'influence dépend d'abord des moyens et vecteur qui portent sa parole, ou ses écrits.

V. Contre la dépréciation de la technique

Le monde intellectuel qui nous entoure déprécie depuis longtemps la technique. Comment la réinscrire au centre de l'analyse ? Prenons l'exemple du numéro 1 des *Cahiers de médiologie, La querelle du spectacle*. Pour Guy Debord le spectacle était une métaphore de l'aliénation, empruntée d'ailleurs à Feuerbach. Pour nous le spectacle est un dispositif matérialisé par la rampe, traduction concrète de la coupure sémiotique : la scène n'est pas la salle. Par ailleurs, le situationniste, qui est un moraliste, n'a pas besoin de périodiser. Cela l'amène à parler de la société du spectacle lorsque, justement, elle touche à sa fin et que l'inclusion remplace à la mise à distance. Résumons la question de la technique. Ce qui est important c'est de prendre congé du sol grec et de l'opposition dualiste entre la matière et l'esprit. Et que l'on ne nous accuse pas de déterminisme technologique. L'outil ne détermine pas. Il autorise.

VI. Bilan intellectuel

On nous demandera : avez-vous créé une méthode ? *Meta-odos*: c'est le chemin après qu'on l'a parcouru. Sur ce terrain, nous sommes méfiants. Barthes disait que la stérilité menace tout travail qui ne cesse de proclamer sa volonté de méthode. La méthode médiologique est ce que ses usagers en font. Néanmoins nous aimerions qu'ils respectent cette précaution consternante : faire moins attention aux contenus de croyance qu'aux formes d'administration de la croyance.

On nous demandera aussi : quels objets ont été étudiés ? Les titres des *Cahiers* répondent. Ils offrent un assemblage apparemment hétéroclite d'objets triviaux et de grandes idées. On y trouve des objets durs (les monuments, la route, la bicyclette, l'automobile) et des objets mous (la nation, le visage), des milieux de transmission (le spectacle, la lumière, le terrorisme) et des formes d'action (communiquer/transmettre). Chaque titre, de toutes façons, n'est qu'une porte d'entrée dans une réalité composite, à la fois matière organisée et organisation matérialisée.

Personnellement, mes recherches en médiologie ont porté sur l'image et son évolution en Occident ; puis sur l'Etat et la périodisation du temps politique en fonction des dispositifs de communication, et enfin sur la techno-genèse de Dieu. Pourquoi Dieu apparaît-il si tard dans l'histoire des hommes ? C'est en date la dernière question impertinente. D'autres vont suivre.

Vous avez compris que la médiologie ne postule pas au statut de science, et encore moins nouvelle (Platon en est le parrain, et on en a beaucoup d'autres). Elle se définit plutôt comme un style d'analyse, une façon de changer les termes des questions pour mieux y répondre. Si vous voulez en savoir plus, et passer de la boutade aux analyses de fond, permettez-moi de vous recommander, publicité non-payante, la lecture d'*Introduction à la médiologie* (PUF, coll. premier cycle, 2000).

Daniel Bougnoux, Université Stendhal - Grenoble 3

LA CONDITION MEDIOLOGIQUE

Toute connaissance, dit-on, commence par l'étonnement. Jusqu'à Newton nul ne s'étonnait de voir chuter les pommes, et la pesanteur ne s'appelait pas encore gravitation. De même aujourd'hui, on ne s'étonne pas vraiment de voir les doctrines se répandre, ou telle forme de croyance, d'imaginaire ou de connaissance s'imposer au détriment d'une autre. On déclare que le propre de la vérité est de se diffuser, automatiquement. Les Pères de l'Église parlaient de « l'admirable propagation de la foi » en oubliant que les militaires et les marchands accompagnaient les missionnaires. De même les cartésiens voyaient dans le développement de la raison la diffusion de la « lumière naturelle ». En identifiant la puissance du vrai aux rayons du soleil, cette métaphore très claire décourageait d'avance tout questionnement médiologique : la lumière qui voyage dans l'éther transparent ne pose aucun problème de transmission.

Le mystère de l'efficacité symbolique

La question de savoir comment une idée devient force, ou trouve des repreneurs, devrait intéresser au premier chef les philosophes, comme en général ceux qui se proposent d'agir sur le monde par des mots. Cette efficacité symbolique (titre d'un article célèbre de Lévi-Strauss) se trouve cependant plus souvent invoquée qu'expliquée. Que l'on considère la théorie des actes de parole initiée par John L. Austin et devenue l'un des fleurons de la pragmatique, ou la sociologie des formes de la distinction et de la domination symbolique conduite par Pierre Bourdieu et ses disciples : ces études toujours très en vogue aborderont pour expliquer cette efficacité l'étage des institutions, et des formations sociales sous-jacentes aux effets d'autorité symbolique ; elles descendront rarement jusqu'aux niveaux techniques et aux logiques médiatiques, soit à ce que les outils disponibles permettent ou interdisent en termes de « performances ». Le jeu des formes, linguistiques, culturelles ou sociales, passionne nos analystes, mais faute de s'aventurer jusqu'aux forces effectives, leurs explications ressemblent trop souvent à un théâtre d'ombres.

Chacun pourtant sent bien qu'une trame obscure relie nos médias (au sens large du terme) et les formes du savoir, du lien social, de la représentation politique ou de la culture. Si les moyens de transport modifient notre perception du paysage (la France n'est pas la même selon qu'on la parcourt à bicyclette ou en TGV), de même les formes de l'imaginaire changent quand on passe des écrits aux écrans, et les figures de l'autorité évoluent au gré des supports : la grammaire des médias scande celle du pouvoir, dont les règles ne sont pas les mêmes selon que l'homme politique s'appuie sur l'imprimé (du livre ou du journal), sur la radio, sur une télévision gaullienne ou sur l'écran des Guignols de l'info où gesticule sa marionnette…

Le glissement des âges et des supports médiatiques entraîne nécessairement celui des formes ou des superstructures symboliques. Pourtant, cette étrange causalité des médias demeure opaque : nous peinons à relier l'idée et l'outil, le symbolique et le technique. L'identification par Ferdinand de Saussure du couple « signifiant-signifié » a ouvert et nourri au cours de ce siècle les études sémiologiques ; l'articulation du medium et du message n'est pas moins prometteuse, mais encore balbutiante.

En inventant la médiologie, dont la mention apparaît dans *Le Pouvoir intellectuel en France* (1979) et *Le Scribe* (1980), Régis Debray ne visait pas spécifiquement l'étude des médias. Dans sa *Critique de la raison politique* (1981), il avançait une démonstration, baptisée « théorème d'incomplétude », de l'impossibilité de l'auto-organisation pour tout groupement humain : la fermeture du groupe ne peut lui venir que du dehors, sous la forme d'une transcendance ou d'un infini fondateur. Si, pour demeurer ensemble, les hommes demeurent voués à cette médiation extérieure, le *médio* ou *media* de médiologie ne fait jamais qu'exprimer ce principe d'opacité, ou cette impossible présence immédiate des sujets à eux-mêmes. Et ce terme apporte avec lui le malheur.

Le projet médiologique n'a donc pas pour priorité de démonter *Apostrophes*, ni d'expliquer les salaires des journalistes de l'audio-visuel ou les tirages de tel essayiste plus télégénique et tapageur que d'autres. À travers ces phénomènes observables par chacun, on voudrait mieux comprendre comment une « graphosphère », séculairement construite autour du livre et des représentations majestueuses et sages liées en général à la culture de l'imprimé, est en train de céder une partie de la place à une « vidéosphère » organisée autour de l'audiovisuel, de l'ordinateur et des nouvelles technologies de la communication, qui favorisent le direct, l'image et l'interactivité. Débordant la presse, media désigne en général « ce qui se tient entre » et qui, en nous reliant, nous organise ; ce qui permet notamment de dire durablement nous. Une médiologie se rattache donc à une écologie : elle étudie ces milieux, à la fois sociaux et techniques, qui façonnent et recyclent nos représentations symboliques, et nous permettent de tenir ensemble.

Culture schizophrène

La « question des médias » s'annonce épineuse. Sont-ils bons, sont-ils mauvais ? Une tenace médiaphobie, variante de la technophobie, hante la philosophie. Avant d'être une question à laquelle réfléchir en combinant les outils de l'histoire, de la sociologie ou de la sémiologie, les médias constituent un piège douteux, générateur d'envie et de répulsions mêlées : à quelle distance les tenir ? Comment s'en servir sans être asservi par eux ? À la rubrique des (maudits) médias, la réaction spontanée du quidam sera généralement celle que Flaubert, dans son *Dictionnaire des idées reçues*, accole au mot *Académie* : « Tonner contre ! ».

Qu'il faille au contraire des outils pour penser, que la moindre de nos informations nécessite pour son extraction, son acheminement ou son traitement une technologie, donc un coût (même si nous ne l'acquittons pas directement) – cette hypothèse répugne à notre narcissisme spontané. La pensée jaillissante à l'intime de notre être ne peut que nous paraître innée, et libre. Rodin n'a-t-il pas sur ce thème sculpté son célèbre *Penseur* ? Ce monument d'idéalisme montre l'homme nu, concentré sur lui-même sans le secours d'aucun livre, clavier, écran ni artefact quelconque. Nous n'aimons guère, et jusqu'à un certain point nous ne savons pas penser clairement les prothèses techniques et les moyens (les médias) par lesquels nous pensons. *Sapiens* oublie et rejette *faber*, alors qu'ils se partagent le même corps. En articulant mieux le symbolique et le technique, le dire et le faire, la médiologie pourrait servir à remembrer une culture trop souvent schizophrène.

Le propre des médias, à commencer par notre corps, est de fonctionner à bas bruit. On a défini la santé comme la poursuite de la vie dans le silence des organes ; de même la lecture est à son régime optimum quand on vagabonde en imagination dans le monde qu'elle ouvre; une route quand elle glisse en douceur avalée par les pneus ; le cinéma quand, pris par le film, j'oublie tout de la projection, etc. Comme les signes s'effacent dans ce qu'ils désignent, nos médias fonctionnent normalement sous rature. Quand le doigt montre la lune, il faut être imbécile – ou sémio-médiologue – pour regarder le doigt.

Pour une culture technique

Cette inconscience sémio-médiatique n'est pas sans conséquence sur les formes et les classements de notre culture. On connaît mieux l'histoire littéraire que celle de la librairie ou de la presse à imprimer, mieux la liste des batailles gagnées ou perdues que les détails de l'armement, mieux les œuvres de l'art que le fonctionnement des métiers, médias, matériaux et musées qui isolent et offrent les tableaux à nos jouissances esthétiques. On pense toujours depuis le sommet de la pile, en oubliant la base des moyens (des médias) qui constituent celle-ci.

Où commence, où s'arrête le « facteur technique » ? Une véritable culture technique montrera l'outil enchâssé dans les logiques sociales et dans la pragmatique des usages. L'obscur milieu conjonctif – le *médio* examiné par notre *logie* – se compose de sujets (médiateurs) et d'objets (techniques) ; on y trouve de l'organisation matérielle (les corps constitués, les institutions, églises ou partis...) et de la matière organisée (les outils et médias proprement dits).

Deux approches, *bottom/up* ou *top/down* peuvent donc également rendre compte de ces phénomènes complexes :

— la voie « ascendante » s'attache aux effets symboliques et sociaux des mutations techniques : comment le papier, l'imprimerie, l'électricité ou aujour-d'hui Internet modifient-ils nos régimes de mémoire, de savoir, d'autorité ou de croyance ?... L'approche médiologique dérangera d'autant plus que l'écart entre le phénomène symbolique expliqué et le facteur technique expliquant sera perçu comme important. Quand, dans son *Cours de médiologie générale* (1991), Debray ose rapporter la religion monothéiste aux contraintes du nomadisme, ou la forme éternelle du divin aux impedimenta du transport, cette perspective peut sembler cavalière ! Mais Jack Goody ne sidère pas moins la conscience ordinaire quand il explique la forme réputée éternelle ou immanente de la raison par le développement de « simples » outils graphiques. Petites causes techniques, grands effets civilisationnels ;

— un autre courant de recherches (*top-down*) voudrait mieux comprendre l'efficacité symbolique de nos idées, croyances ou doctrines. Comment se répand pratiquement un message (christianisme, marxisme), comment une doctrine évince-t-elle ses rivales pour devenir « incontournable » (psychanalyse) ? L'explication par la pertinence ou la vérité du message, toujours avancée par les fidèles, semble un peu courte au médiologue qui ne croit pas en l'efficacité des idées, et qui pour expliquer celle-ci se met en quête de relais cachés. Le freudisme a dévoilé l'inconscient psychique ; la médiologie pourrait parallèle-ment révéler un inconscient machinique et technique qui hante les formes hautes de notre vie symbolique et sociale. Elle ne croit pas qu'il suffise jamais de « bien penser pour bien faire » ; et le slogan soixante-huitard selon lequel « la doctrine de Marx est toute-puissante parce qu'elle est vraie » constitue pour le médiologue un symptôme typique de la *suffisance* philosophique.

L'écosystème de nos idées

Comment abattre le mur qui sépare le monde des outils et celui des représentations ou idées efficaces sans tomber dans le déterminisme techno-logique ? Si la médiologie est l'écologie des représentations ou des idées effi-caces, elle devra mettre en évidence les interactions complexes du medium et du message, ou les ruses de la causalité technique : un écosystème n'agit pas sur ses hôtes de façon linéaire. Le sujet d'une relation écologique n'a pas les coudées vraiment franches, il est contraint de *faire avec*.

André Leroi-Gourhan, dans *Le Geste et la parole*, explique que l'outil prolonge le corps dont il extériorise les fonctions : d'abord les usages durs ou lourds (le bâton, le marteau extériorisent notre squelette), puis de moins en moins matériels, jusqu'aux machines informationnelles qui étendent nos fonctions intellectuelles (mémoires de papier puis de silicium, calculettes, ordinateurs, réseaux pensants, etc.). L'enquête anthropologique invite à ne pas couper notre évolution biologique de nos genèses techniques : nous produisons une technique qui nous produit en retour, nos outils prolongent et accompagnent l'hominisation. Une fois bien rodés, ils semblent nous appartenir en propre, et faire dorénavant partie de notre nature. Nous vivons étroitement enchevêtrés aux machinations de « la technique », depuis celles du corps décrites par Mauss jusqu'aux réseaux de communication modernes, qui irriguent nos propres neurones. Le monde technique se laisse de moins en moins isoler ; la frontière entre le vivant et l'ensemble des artefacts humains est devenue difficile à tracer.

On s'accorde aujourd'hui à dire que si l'outil *autorise*, il *détermine* rarement. Ces deux verbes désignent respectivement des causalités négatives et positives : la causalité positive énonce que « si A, alors B » ; la négative se borne à constater que « si non-A, alors non-B », et correspond assez bien à ces conditions qu'on dit nécessaires mais non suffisantes. Il semble clair par exemple que l'invention du caractère mobile par Gutenberg (autour de 1450) a formidablement accéléré la diffusion du livre, autorisant ainsi le schisme protestant, l'esprit de libre examen, l'essor du rationalisme puis de la philosophie des Lumières. Mais ces effets n'ont pu « prendre » que dans un milieu travaillé par quelques autres facteurs : un papier bon marché (impossible de multiplier les tirages sur des supports aussi coûteux que le vélin ou le parchemin d'origine animale), l'infrastructure de réseaux bancaires, la demande déjà développée d'un lectorat, etc. L'outil forgé par Gutenberg eut des conséquences indéniablement révolutionnaires, mais son énoncé se trouvait lui-même pris dans un concert d'usages sociaux préexistants, dans une foule de paramètres techniques ou moins techniques.

Un autre exemple illustrant ce type de causalité nécessaire mais non suffisante, serait l'innovation résumée par Jack Goody sous le titre de *Raison graphique* : ce que nous appelons la raison, fondée en particulier sur le principe de non-contradiction, suppose impérativement des surfaces d'inscription. Sans écriture ou en régime oral, l'esprit et la tradition critique baptisés *raison* n'avaient, argumente Goody au fil de ses recherches anthropologiques, aucune chance d'apparaître ni de s'implanter. Les mathématiques et le raisonnement syllogistique en particulier exigent qu'on pose ses opérations par écrit. Mais si l'écriture autorise, elle ne détermine pas : il ne suffira jamais de développer l'écriture pour développer la raison.

Aucune technique ne porte ses effets entièrement programmés à l'intérieur d'elle-même, pas plus qu'un énoncé n'est doué de sens hors de l'énonciation. L'intuition centrale de la pragmatique linguistique affirme que le sens ne réside pas dans les mots ni les phrases, mais seulement dans les intentions des usagers qui les échangent. Une innovation technique de même « programme » sans doute certains usages, lesquels en retour modifient ou adaptent l'outil aux mondes propres des utilisateurs. Essentiellement inachevés quand ils sont mis ou énoncés sur le marché, nos outils sont des éponges à usages divers et ils n'arrivent à maturité qu'assez tard.

Temps technique et durée sociale

Au cours de l'histoire, le monde des objets techniques ne cesse de se transformer. Mais la durée courte de ces objets sans cesse renouvelés se trouve enchâssée dans le long terme ou le temps plus lent des usages sociaux. Toute innovation doit ainsi composer avec des usagers déjà dotés de routines et d'habitudes qui vont généralement infléchir la trajectoire du temps technique. On n'informatise pas un secrétariat ou le service comptable d'une entreprise en remplaçant simplement un matériel obsolète par des machines performantes ; derrière ce matériel en effet se tiennent des hommes et des femmes qui y ont mis leur savoir-faire, leur dignité, et qui auront tendance à freiner l'innovation au nom de leur propre culture.

L'histoire de chacun semble ainsi chevaucher plusieurs temps, depuis la succession accélérée et quasi cinématographique des informations jusqu'à celui presque immobile de la religion et des croyances. L'ethnique (ou le culturel) et la technique marquent deux façons opposées de vivre le temps : la culture encourage les retours aux sources, et meuble nos vies avec de l'ancien ; les sciences et les techniques en revanche ne s'embarrassent pas d'un gros bagage historique, et nous poussent à vivre *on line*, à la pointe du nouveau. On enseigne dans les universités littéraires l'histoire de la philosophie, de la littérature ou des beaux-arts, mais beaucoup moins l'histoire de la physique, de l'astronomie ou de la médecine chez les scientifiques.

En combien de siècles l'homme occidental est-il devenu « guten-bergien », et combien d'années faudra-t-il pour qu'il s'assimile pleinement l'interactivité ou les « nouvelles technologies » ? Hypermétropes, nous voyons mieux de loin que de près, mieux Gutenberg qu'Internet. Et si nous remarquons bien, parfois jusqu'à la fascination, l'existence de nouveaux outils, nous percevons moins clairement leurs prolongements sociaux, imaginaires ou culturels. Deux écueils menacent en général une médiologie (une pensée de l'efficacité des médias et des outils de relation) : celle-ci doit se garder du réductionnisme ou du déterminisme technique, et elle ne peut davantage se complaire dans une déploration passéiste. Nous saluons, dans le chapitre de *Notre-Dame de Paris* intitulé « Ceci tuera cela », une anticipation visionnaire de sensibilité médiologique, sans pour autant souscrire à la thèse de Victor Hugo : le livre de papier n'a pas tué la cathédrale de pierre, ni la foi chrétienne, et cet exemple nous enseigne que l'histoire des techniques et celle des idées ont des rapports nécessaires, mais plus compliqués. Dans le domaine des cultes en particulier, le retour de certains archaïsmes religieux s'appuye aujourd'hui sur la télévision ou la diffusion de vidéo-cassettes ; les communautés de prière, les charismatiques, le télévangélisme ou, plus inquiétants, les intégrismes fana-tiques s'avèrent très compatibles avec les « nouvelles technologies » et un développement élevé des connaissances scientifiques et techniques.

Communiquer ou transmettre ?

Ces deux verbes ne sont pas équivalents, et leur antagonisme complémentaire a fait l'objet de la récente décade de Cerisy-la-Salle (en juin 2000, actes parus en 2001 dans le numéro 11 des *Cahiers de médiologie*). Régis Debray a proposé de voir dans l'action de communiquer une conquête de l'espace, et dans celle de transmettre le guidage et la maintenance d'un message à travers le temps. Il est clair que nos médias fonctionnent selon ces deux axes, qu'on se gardera de confondre. Fascinée par le direct et par *l'accessibilité* (maître-mot des nouvelles technologies), notre époque tend à valoriser la « conquête de l'ubiquité », un titre proposé par Valéry pour nommer les performances médiatiques en général ; mais si la synchronisation des représentations médiatisées mérite en effet notre attention (car jamais, à l'échelle de l'humanité, celle-ci n'était parvenue à faire converger les regards et les émotions de millions d'hommes comme on l'a vu lors du dernier *mundial* ou de la coupe d'Europe de football), la transmission d'un message de génération en génération, par exemple l'acheminement d'une tradition religieuse ou d'un -isme, durant près de vingt siècles dans le cas du christianisme et sans trop de perte en ligne, n'est pas moins étonnante.

Régis Debray n'a pas craint pour sa part d'introduire un jugement de valeur dans cette distinction, en la hiérarchisant nettement : aujourd'hui la communication menace d'écraser la transmission, et nous valorisons la géographie (la conquête de l'espace) au détriment du temps historique, réduit au seul présent. Le médiologue se posera donc en défenseur de la transmission et en gardien de la profondeur historique. Comment lutter contre les risques d'amnésie que nous font courir les nouveaux médias, et comment faire comprendre à nos contemporains que notre identité, ou notre culture, dépendent vitalement de cette dimension générationnelle ? En insistant sur les outils de la transmission, la médiologie privilégie ceux de la graphosphère, et réagit contre la mode actuelle du discontinu ou de la rupture. Si nos technologies favorisent les transports spatiaux, que faut-il de plus pour transmettre ? Une institution ou un « corps », école, église, état... Ces trois piliers symboliques veillent en général sur ce qu'on appellera la filiation, dont la nécessité semble moins urgente en nos « temps postmodernes », mais pas moins désirable que les époustouflantes performances du direct, de l'ubiquité et de l'interactivité.

La médiologie pourrait donc apporter aux sciences de l'information et de la communication une réelle profondeur historique, et une réflexion ou une mise en garde quant à l'insertion *transcendantale* de notre condition dans la longue durée de l'histoire. Ce qui nous distingue des animaux, ou le propre de notre nature, c'est en effet la transmission, c'est-à-dire l'accumulation d'un capital symbolique et technique au fil des générations. Ce vecteur historique est d'abord et de part en part technique : l'histoire en effet, comme sentiment vécu et comme connaissance, suppose des outils d'enregistrement et de traitement des traces, et le progrès technique représente la première évidence d'une histoire en mouvement.

À quoi bon vivre ou circuler dans un réseau dilaté aux dimensions de la planète si notre histoire et notre identité restent en miettes ? La contribution d'une médiologie aux disciplines de la communication sera de rompre avec l'idée de rupture et, en examinant les performances toujours obscures de la transmission, de permettre une meilleure saisie de la durée culturelle et de la profondeur historique.

Le projet médiologique complète et relie entre eux les paramètres de l'énonciation et du *faire sens*. Cependant, l'articulation du symbolique et du technique révèle des solidarités, mais aussi certaines incompatibilités ou contradictions imparables, entre telle configuration médiatique et tel message ou style de pensée. On ne doit pas attendre de la vidéosphère – radio, télévision, audiovisuel et montée en puissance du *direct* en général – qu'elle prolonge et entretienne les promesses nées de la graphosphère, qui reposait essentiellement sur les transmissions de l'écrit et du livre.

Nous voyons avec nostalgie s'éloigner une forme de culture liée au livre, et avec incompréhension, donc inquiétude, advenir d'autres formes d'imaginaire, de savoirs, ou d'autres façons d'être ensemble. Gardons-nous pourtant d'évaluer les écrans à l'aune des écrits ou Internet avec les valeurs du livre. Que de dissertations renouvelées du « Ceci tuera cela » pour déplorer, avec moins de talent que Victor Hugo, la fin de la culture et la barbarie des nouveaux médias !... Mais ceux qui partent en guerre contre la télévision, Internet ou « le virtuel » oublient que cette culture dont ils se réclament si fort n'a jamais cessé d'être composée d'artefacts techniques, conditionnés par les outils disponibles ; et ils demandent au pommier de produire des poires. Une meilleure compréhension des filières et des filiations techniques devrait corriger ces récriminations. La médiologie n'est pas une mélancolie.

Louise Merzeau, Université Paris X - Nanterre

PENSER LA MEDIATION

Inter & méta

La démarche médiologique est une pratique de l'enjambement. Étude de l'environnement, de l'intermédiation et de la transmission, elle récuse la coupure entre matière et esprit, pour insister sur l'irréductibilité des entre-deux. Elle rejoint en ce sens toute une pensée de la relation, qui va de la sociologie des sciences à l'anthropologie cognitive en passant par les sciences de la communication. Dans tous ces modèles alternatifs, la raison, longtemps décrite comme une faculté innée à l'intérieur de chaque conscience, est désormais interrogée dans son *extériorité*. Le sujet n'est plus le siège exclusif de l'action, mais un acteur qui partage ses attributs avec des objets, des outils, des programmes. Parallèlement, les dispositifs, jadis réduits au statut de contraintes extérieures, sont repensés comme des opérateurs relationnels, des réseaux indissociablement techniques et sociaux.

Mais là où la plupart des recherches s'en tiennent à l'horizontalité des rapports (intersubjectifs ou hommes-machines), la médiologie propose de renouer l'*inter* au niveau *méta*. Abandonnant la grille sémiologique, où sujet, signe et monde sont considérés dans leur simultanéité, elle propose de repenser la relation à partir du modèle religieux de la médiation. Dans cette perspective, ce qui relie les membres d'une communauté est indissociable de ce qui les relie à une transcendance commune. La cohésion du groupe n'est pas seulement affaire de communication : il y faut aussi le partage d'un *défaut à rémunérer*, d'une *incomplétude* fondatrice où convergent mémoire, mythologies, projets et utopies[1].

C'est à cette condition que la question de l'inconscient technologique peut être posée hors de tout déterminisme. Vecteur de croyance, le médium n'est ni l'objet docile d'une maîtrise, ni le moteur d'une évolution mécanique. Il met en relation des sujets moins par une fonction de contact que par sédimentation, articulant des imaginaires et des temps différents. Évaluée dans la durée longue de la transmission, la médiation technique révèle alors sa dimension essentiellement *politique*. Plus qu'un simple prolongement de nos facultés, les prothèses concourent à organiser la communauté en plaçant

---

[1]   Sur « le défaut qu'il nous faut », voir Bernard Stiegler, *La Technique et le temps*, Paris, Galilée, 1994, deuxième partie ; sur le principe d'incomplétude, voir Régis Debray, *Critique de la raison politique*, Gallimard, 1981, livre II.

l'homme *hors de lui*, dans l'espace-temps d'une filiation, d'une appartenance et d'une anticipation.

À l'heure où les hiérarchies s'enchevêtrent au profit d'une idéologie de l'interconnexion, en même temps que se renforcent les crispations identitaires, il est d'autant plus urgent de s'interroger sur ces stratégies du faire-croire que la *teknè* contribue à élaborer. L'individualisation de l'espace public – passage de la masse à un *hyper-sujet* – et le double impératif de normalisation et de personnalisation de l'information remettent en question la fonction même de médiation. De plus en plus disqualifiée au nom d'une doctrine de l'immédiat, celle-ci ne pourra être réhabilitée qu'à condition de reconnaître l'ampleur de sa complexité socio-technique. Réduits au rôle de simples courroies de transmission, les intermédiaires sont en effet condamnés à être perçus comme des obstacles indésirables ou superflus, que les échanges devraient idéalement court-circuiter. Considérés comme des rouages organisationnels, ils se révèleront en revanche indispensables au maintien de l'être-ensemble.

Médias & médiation

Pour le médiologue, la technique n'est pas plus subordonnée à la relation, qu'elle ne produit d'elle-même des modèles de société. Se démarquant des approches instrumentales, où le medium est considéré comme ce qui *s'interpose* entre les sujets, il cherche à dégager les effets d'une causalité circulaire entre dispositifs et dispositions. Outils, supports et appareils l'intéressent en tant qu'infrastructures du *religio,* indissociables des lieux, des corps et des institutions dont ils sont l'émanation. C'est sous cet angle que le travail de médiation se donne à voir pour ce qu'il est : un processus ininterrompu de maintenance, où l'évolution technique se négocie comme équilibre de gains et de pertes, également structurants pour la communauté.

C'est dire la nécessité d'élargir le champ d'investigation au-delà de ce que recouvre habituellement la notion de *média.* Renvoyant soit aux organes de diffusion de l'information, soit aux machines à communiquer, celle-ci tend à favoriser les interprétations utilitaires ou mécanistes qu'on cherche à récuser. La restriction du questionnement à sa dimension purement médiatique tend en effet à privilégier les seules opérations de diffusion, en délaissant notamment les effets de mémoire et d'organisation. Posée en termes d'influence ou de manipulation, la question du « pouvoir des médias » dissimule alors plus souvent qu'elle ne révèle l'imbrication des niveaux techniques et symboliques. Elle incite à créditer tantôt les acteurs, tantôt les dispositifs, d'une efficacité horizontale qui s'exercerait au coup par coup, dans le temps court de la communication. Or les médiations dispositives impliquent bien d'autres procédures, à la fois matérielles et culturelles, dans le temps long de la transmission.

Pour l'apprécier, encore faut-il s'efforcer de circonscrire cette fonction *-médio.* Si elle n'est pas réductible au transport ou à la traduction d'une information, elle n'est en effet pas pour autant applicable à tout artefact social ou technique. L'horloge, la route ou le papier ne sont pas moins structurants que l'école ou Internet ; mais une machine à laver n'a pas la même efficacité symbolique qu'une bibliothèque ou un parti. Non pas tant parce qu'elle ne véhicule aucun message, que parce qu'elle n'implique pas directement une économie des corps et des traces. Pour qu'un support, un organisme ou une machine puissent être considérés pleinement comme des médiations, il ne suffit pas qu'ils aient un impact social ou une utilité technique. Il faut surtout qu'ils combinent plusieurs opérations, qu'on propose d'identifier comme des fonctions d'inscription, d'organisation, de régulation et d'anticipation.

Inscription

La logique d'externalisation qui préside à toute *tekhnè* se traduit moins en termes de langage ou d'expression que d'inscription. Plus qu'un système de signes, une médiation est un système de traces, qui informent l'espace et le temps avant d'articuler un sens. Les discours ne sont eux-mêmes opérants que par cette mise en œuvre d'objets disposés selon un arrangement efficace. Ainsi, avant d'être une *idée*, la nation est un *tissu* de voies de transport et de transmission, à travers lesquelles des individus s'éprouvent en tant que communauté. C'est lorsque ces réseaux de communication se modifient que les représentations évoluent vers d'autres modèles, en résonance avec les infrastructures nouvelles[2].

Calendrier, réserves, frontières, parcours… toute médiasphère relève ainsi de l'horaire et de la cartographie avant de coïncider avec une idéologie. C'est pourquoi la route ou le monument[3], mais aussi la liturgie, le stade ou les programmes scolaires, sont des vecteurs médiologiques au même titre que la presse, le courrier électronique ou la télévision. Dans tous ces dispositifs, le collectif se structure et prend corps autour d'une certaine régularité territoriale et calendaire, inscrite dans des traces matérielles : asphalte, arche, autel, terrain de jeu, salle de classe…

Quelle qu'en soit la forme, cette domestication de l'espace et du temps engage au moins deux procédures. La première consiste en une *fixation*, destinée à instituer un régime d'espacement et de durée séparé du continuum biologique ou environnemental. La perspective, l'imprimerie, la gravure, la gélatine ou le chloroforme affectent l'ordre symbolique parce qu'ils fixent des traces dans l'ordre d'une *différance*[4], où le support a force de loi. Le marquage ouvre alors la possibilité d'un accès collectif et durable, passant par les mêmes opérations de codage, les mêmes règles d'apprentissage et les mêmes marges de détournements.

---

[2] *Cf. Cahiers de médiologie* n°3, 1997, « Anciennes nations, nouveaux réseaux ».
[3] *Cf. Cahiers de médiologie* n°2 « Qu'est-ce qu'une route ? » (1996) et n°7 « La Confusion des monuments » (1999).
[4] Jacques Derrida, *De la grammatologie*, Paris, Éditions de Minuit, 1967.

La seconde relève d'un principe de *réduction*, visant à (trans)mettre le plus dans le moins[5]. Abréviation, codification, contraction, miniaturisation, compression… l'information passera d'autant mieux les barrières de l'espace et du temps qu'elle occupera moins de place dans les réserves et les canaux de diffusion. Condition de son efficacité, cette stratégie minimaliste affecte toute médiation d'une inévitable courbure. Conversion d'échelle, de couleur ou de langue, la logique du moins interdit de penser la transmission en termes d'équivalence ou d'immédiateté. La trace diffère nécessairement de son origine, et c'est dans cet écart que la culture se constitue. Sinon, l'univers des artefacts ne serait qu'un doublon de la réalité, et les sociétés seraient toutes identiques. Plutôt que de chercher à court-circuiter tout espacement – pour *coller* toujours davantage au réel, aux autres et à nous-mêmes –, mieux vaudrait revendiquer cette possibilité qui la nôtre de ménager des mondes intermédiaires, où l'incertitude et l'altérité ont encore du jeu…

Organisation

Si l'utopie d'une immédiation demeure, c'est peut-être parce que toute mise en trace est aussi une mise en ordre. Conçues pour être rassemblées, combinées, superposées et confrontées, les inscriptions élaborent une mémoire à la fois organisée et organisante. Chacune d'elle dépend d'un système d'accès, d'archivage et de classification aussi bien matériel que culturel. Pas d'écrit sans école, bibliothèque et réseau d'édition ; pas d'information médiatique sans grille de programme et format d'émission ; pas de télécommunication sans opérateurs et standards de compression. Les inscriptions ne se partagent qu'au sein d'un ordonnancement physique et symbolique, transcendant la contingence et l'individualité des échanges.

Gestion des parcours et des priorités, distribution des privilèges et des interdits, affectation des rôles et des hiérarchies : l'économie des traces est aussi une économie des statuts et des valeurs. L'organisation du savoir en disciplines ou la répartition des beaux-arts en domaines muséologiques sont des exemples de cette dépendance médiologique entre savoir-faire et faire-croire. C'est que toute véritable médiation est en même temps technique et institutionnelle. La matière organisée y a pour envers une organisation matérialisée – association, parti, corporation, église ou lobby – qui en assume la fabrication, l'implantation et la maintenance. Ne sont de fait effectives dans le temps long de la transmission que les traces portées par de ce double corps du médium : en amont, elles sont gagées par une règle ou une tradition ; en aval, elle sont répercutées par une dynamique de propagande ou d'initiation. Renforçant l'autorité de leur émetteur, ou disqualifiant un parti opposé, les inscriptions entrent donc dans un jeu d'alliances et d'adversités qui confère à toute médiation une dimension potentiellement polémique. Loin d'être des

---

[5] *Cf. Cahiers de médiologie* n°9 « Less is more, stratégies du moins » (2000).

instruments inertes, les vecteurs n'affectent pas seulement la forme des messages : ils engagent aussi des stratégies où se dessinent des mythologies, des appartenance et des projets de société.

C'est pourquoi il ne suffit pas de constater l'inadaptation des institutions traditionnelles aux mutations de notre environnement technique. Quant à s'efforcer de « rattraper le retard » en essayant d'introduire dans l'École, l'Église ou l'État des régimes d'espace-temps qui leur sont étrangers, c'est retomber dans une vision instrumentale de la *tekhnè*. En reconnaissant que l'innovation met en place une nouvelle distribution des usages, des objets et des droits, on se donne en revanche les moyens d'évaluer et de contrôler les effets d'organisation plus ou moins souterrains que nos appareils autorisent.

Régulation

Parce qu'ils affectent la cohésion du collectif, les corps conducteurs ne font pas seulement passer des informations : ils ont aussi un rôle de *régulation*, par où l'équilibre sociotechnique se renégocie en permanence. C'est cette fonction d'arbitrage que le recours à la notion de médiatisation tend trop souvent à dissimuler, en focalisant l'attention sur la seule puissance de diffusion. Le concept de médiation met au contraire l'accent sur l'insuffisance des modèles binaires, en posant la nécessité de recourir à un intermédiaire pour maintenir les conditions de l'être-ensemble. Les mass médias eux-mêmes ont moins pour utilité de refléter le monde ou d'exprimer une opinion, que d'œuvrer à ce rattrapage des déséquilibres qui menacent le groupe – d'autant plus lorsque celui-ci s'efforce d'évoluer et d'accueillir l'altérité. Filtrage et simplification d'une réalité trop abrupte ou trop complexe, production de mythes et d'emblèmes unificateurs, orchestration des commémorations, des recyclages et des oublis : les fictions de l'information objective servent à produire du *nous* plus qu'à témoigner, décrire ou élucider. La résolution des conflits passe par de telles « manipulations », précisément parce que la mise en scène est une mise à distance. Certes, le consensus écrase les différences au nom d'une convergence largement fantasmatique. Mais c'est le travail des médiations d'empêcher que cette convergence se fige en dogme, en ménageant un espace où les croyances peuvent se confronter sans s'affronter.

Parce qu'ils transcendent les contingences individuelles d'énonciation, supports et institutions apportent au jeu des oppositions la garantie d'un cadre, d'une permanence et d'une règle où s'exercer. Le débat des idées requiert le forum, le club de lecture ou le plateau de télévision, lesquels en déterminent sinon le contenu, du moins le rythme, la teneur et la portée. Quant aux lieux de mémoire ou d'enseignement, on n'a plus à démontrer qu'ils sont moins des réserves inertes de savoir que des instances de régulation, réglant le débit des entrées et des sorties de l'information dans une histoire ou une culture toujours en procès.

Plus largement encore, cette fonction homéostatique concerne toute relation avec un environnement en tant qu'il est *aménagé*. Les dispositifs peuvent de fait être interprétés comme les agents indispensables à la production de familiarité, de vraisemblance et d'unité propres à (ré)enchanter le monde qui nous entoure. Cette « bienveillance du milieu »[6] n'est pas de l'ordre d'une docilité, mais d'un pliage du réel qui suspend l'écart entre la matière et l'esprit par une relation de rappel, de reconnaissance et d'assortiment. Machines, programmes et réseaux construisent une réalité transfrontalière où s'élabore un apprentissage de la coprésence comme unité *à imaginer*. La régulation consiste alors en un accommodement réciproque de la conscience avec ses outils, où le rapport à l'autre trouve sa condition de possibilité. C'est par cet art de *faire avec* que l'espace médiationnel permet d'équilibrer tactiques et stratégies[7], arbitrages institutionnels et braconnages inventifs.

Anticipation

Si les médiations servent à ces ajustements, elles ne s'épuisent pas dans le présent d'un bricolage environnemental. Traversant des couches de temps superposées, leur efficacité engage des fonctions de mémoire et de programmation, qu'on peut regrouper sous la catégorie d'*anticipation*.

L'économie des traces concerne au premier chef la production mémorielle. Non seulement parce que les inscriptions se déposent et perdurent, mais parce que les mnémotechnologies sont ce qui permet de « prolonger la vie par d'autres moyens que la vie »[8]. Elles ajoutent au programme génétique une temporalité technique, qui n'est autre que la possibilité même d'une transmission, c'est-à-dire d'une culture. Avant d'occuper la première place dans la recherche et l'innovation – comme c'est le cas aujourd'hui – les dispositifs de stockage, de compression, de transfert et d'indexation ont toujours désigné cette faculté des sociétés humaines à se projeter dans le temps pour se souvenir et se survivre.

Or la mémoire dont il s'agit ne saurait se réduire à la capitalisation d'un stock ou au principe d'héritage. La transmission suppose en effet une dynamique, qui est moins de l'ordre de la réception que de *l'invention*. Le passé commun qui fonde l'existence d'un *nous* est une production fantasmatique et fiduciaire, parce que ce qui est transmis ne préexiste pas à la transmission. Extériorisé dans un support et un corps médiateurs, le capital symbolique désigne moins ce qu'une génération hérite des précédentes, que ce qu'elle est efface ou retient dans l'aval et l'amont de son présent. Si le groupe se définit par une mémoire commune, c'est qu'il partage le même rapport à l'avenir et les mêmes amnésies. La rétention collective procède donc autant de l'adoption

---

6   Emmanuel Belin, « De la bienveillance dispositive », *Hermès* n°25, 1999.
7   Cf. Michel de Certeau, *Arts de faire, l'invention du quotidien*, Paris, UGE, 1980.
8   Bernard Stiegler, *op. cit.*, premier chapitre.

que de la sauvegarde, et tout dispositif mémoriel est en même temps une technique d'oubli et d'anticipation.

Cette gestion de l'oubli engage ses propres dispositifs et stratégies, propres à départager le périssable et le mémorable. Lois d'amnistie, évolution des programmes scolaires, programmation des commémorations, « désherbage » des bibliothèques ou révision des dictionnaires : écrire, c'est toujours raturer, parce que la sélection des *items* à retenir appelle elle-même une technique d'effacement ou de recouvrement des traces.

Quant à la logique de l'adoption, elle se manifeste notamment dans les médiations rituelles et fictionnelles, telles que la cérémonie, le monument, le cinéma ou la télévision. Élaborant des mythologies fédératrices, ces lieux de mémoire inventent et régénèrent des images du collectif (nation, classe, communauté…), qui peut alors se penser *depuis un corps*.

L'évolution de l'économie des traces tend encore à renforcer ce processus d'anticipation inhérent à toute *tekhnè*. Autorisant le retour du stock dans le flux, la numérisation des données contribue en effet non seulement à systématiser l'enregistrement, mais aussi à intégrer les instructions de traitement aux inscriptions. L'histoire des pratiques documentaires en témoigne : après s'être focalisée sur les problèmes de stockage, de pertinence et d'accès, c'est désormais vers les procédures d'indexation que converge la recherche. Aujourd'hui, la difficulté n'est plus de saisir ou de transférer des masses de données, mais de se situer à l'intérieur d'espaces mémoriels en croissance exponentielle. L'instabilité de l'information électronique impose d'identifier l'état du document en même temps que son contenu. Il faut donc que la documentation remonte *en amont de la production*, afin que chaque énoncé comporte en lui-même sa notice d'utilisation. Les logiciels de traitement de texte prévoient ainsi une description par résumé, index ou mots-clés. Les appareils et caméras numériques balisent automatiquement l'enregistrement. Les DVD couplent le film avec son *making of*. Les archives audiovisuelles insèrent une piste documentaire à même les flux d'images et de sons. Et les outils de référencement sur Internet identifient chaque site par des métadonnées.

Parallèlement, chaque document devient lui-même un outil documentaire : grâce au principe de l'hyperlien, toute partie d'un texte est un index potentiel pointant vers une autres partis, un autre texte ou un autre corpus.

Dans ce nouveau régime de l'information sur l'information, la mémoire est donc plus que jamais l'enjeu central des stratégies de médiation. Car l'indexation ne conditionne pas seulement l'accès aux documents : imposant une découpe, une glose et un mode d'emploi, elle a une dimension éditoriale, critique et programmatique. Pour cette raison, la normalisation doit être reconnue comme une question éminemment politique, touchant aux conditions de possibilité d'un « espace public de la mémoire ». Qu'elles concernent le codage, la compression, le transfert, le découpage ou la présentation des données, les normes ne se contentent pas de régulariser des pratiques existantes. Elles anticipent des procédures, des profils et des logiques, en *modélisant* les usages à venir. Loin d'être purement formelles, elles ont donc un caractère performatif et prescriptif, affectant les conditions d'écriture et de lecture, autrement dit le contenu même du capital symbolique à transmettre. L'évolution récente de la gestion des stocks audiovisuels circulant dans les réseaux atteste cette solidarité entre opérateurs d'interfonctionnement technique et syntaxe culturelle. Mis au point pour répondre aux besoins croissants de la diffusion, les algorithmes de compression sont en effet très vite devenus des algorithmes d'analyse, identifiant des régularités discrètes à partir desquelles on a pu envisager pour la première fois une grammaire mondiale des images et des sons.

Devant la complexité croissante de notre environnement, beaucoup seront tentés de déléguer la normalisation aux décideurs industriels, directement intéressés à promouvoir leurs standards. Ce serait ignorer que l'économie des traces n'implique pas seulement des compétences techniques de capitalisation et de circulation, mais aussi des choix qui engagent l'avenir du corps politique. Si l'on ne veut pas réduire la mémoire collective aux seuls impératifs d'interopérabilité qu'exige la mondialisation des marchés, il faut au contraire se réapproprier nos médiations techniques, en comprenant qu'elles sont aussi des projets symboliques.

Médio/Sémio/Média

Nathalie Roelens, Université de Nimègue

SEMIOTIQUE ET MEDIOLOGIE : FRERES DE LAIT, PLUS QUE JAMAIS

Fra Angelico, *L'Annonciation,* 1433-1434, détrempe sur panneau, 175x180 cm, Cortona, Museo Diocesano

Le numéro 6 des *Cahiers de médiologie* (« Pourquoi les médiologues ? ») avait interrogé les voisinages qui menaçaient l'intégrité de la médiologie[1]. La sémiologie constituait un de ces voisins de palier gênants, encombrants. Régis Debray dans la quatrième leçon du *Cours de médiologie générale* « Le mystère de l'incarnation » ainsi que dans *Dieu, un itinéraire*[2] nuance cependant cette éviction en érigeant l'idée de l'incarnation du Verbe comme emblème de la médiologie. Il est temps, dans ces conditions, de réinstaurer un dialogue trop longtemps jugé impossible entre une médiologie en quête, sinon d'absolu, du moins d'effets de sens et une sémiologie en quête, sinon de matérialité, du moins d'effets de matière.

---

[1] Daniel Bougnoux, « Si j'étais médiologue… », in *Cahiers de médiologie* n°6, 1998, pp.61-70 et Yves Jeanneret, « La médiographie à la croisée des chemins », *ibid*, pp.93-104.
[2] Régis Debray, *Cours de médiologie générale*, Paris, Gallimard, 1991 et *Dieu, un itinéraire*, Paris, Odile Jacob, 2001.

Le « lieu commun » de cette rencontre nous est fourni par l'image de l'incarnation par excellence : l'Annonciation italienne. Celle de Fra Angelico au musée diocésain de Cortone offre en outre l'avantage de thématiser à la fois le sens et le médium par l'inscription qu'elle porte en son sein. On la lira ici comme une allégorie d'une interface souvent esquivée mais sans doute nécessaire entre ces deux frères ennemis.

À gauche, dans la partie lumineuse, l'archange de la médiologie, cet *angelos* ou messager, participant d'une « angélologie » que l'Abécédaire publié dans le n°6 des *Cahiers* désigne comme « première appellation de la médiologie ». L'archange est debout (même s'il s'incline) et arbore des ailes tranchantes comme des glaives (comme pour rappeler la légion d'anges cuirassés qu'il charrie virtuellement avec lui, toute une milice céleste, toute une cohorte d'anges belliqueux, à l'instar de celle de Ridolfo Guariento [*Les milices célestes*, Padova, Museo civico, panneau, c.1380 : *fig.1*] dont on ignore si elle veut combattre pour la cause divine ou en revanche se substituer à Dieu ou de ce Saint-Michel qui sévit dans *La chute des anges rebelles* de Bruegel (1527) (*fig.2* [3]).

Fig. 1   Fig. 2

Car, à en croire Régis Debray, « 1. L'Eternel ne fait pas ses commissions lui-même, il a un besoin structurel d'agents de transmission. 2. Ces voltigeurs

---

[3]   Saint Michel est dans toute la chrétienté l'archange guerrier qui soumet les révoltés contre Dieu. Chef de la milice céleste, il est le défenseur de l'Eglise. C'est lui qui combat contre les anges rebelles et contre le Dragon de l'Apocalypse. Dans l'Apocalypse (XII, 7-9) Saint Jean nous dit en effet : « Et il y eut une guerre dans le ciel : Michel et ses anges combattirent contre le dragon, Et le dragon et ses anges combattirent, Mais ils ne furent pas les plus forts, et leur place ne fut pas trouvée dans le ciel. Et il fut précipité, le grand dragon, le serpent ancien, appelé le diable et Satan, Celui qui séduit toute la terre, il fut précipité sur la terre, Et ses anges furent précipités avec lui. » Saint-Michel est très souvent représenté en chevalier en armure, armé d'une lance (parfois d'une épée de feu), et d'un bouclier orné d'une croix. Protecteur céleste, il terrasse le Démon (représenté habituellement sous forme de Dragon).

n'opèrent pas en francs-tireurs, ils appartiennent à des milices hiérarchisées sur une échelle d'ordre (la taxis). 3. Tout ange peut devenir démon, tout transmetteur un interrupteur. Le diabolique et l'angélique sont les 2 faces d'une même fonction »[4]. L'archange de la médiologie brandit un doigt accusateur, profère des paroles comminatoires : Gabriel est en effet le seul parmi les anges à parler, les autres chantent ou jouent du luth. À droite, dans la partie sombre, la sémiotique est assise, humble, tout ouïe et, selon les préceptes scéno-graphiques, proxémiques et physiognomoniques avant la lettre d'Alberti (dans son *De Pictura*), languissante[5]. Ceci dit, elle est interloquée par ce qu'on lui annonce, pétrifiée. Parfois elle se fait toute petite comme dans une autre Annonciation du même Fra Angelico, celle du couvent de San Marco de Florence [Fra Angelico, *Annonciation*, Firenze, Museo di San Marco, 1437-45 : *fig. 3*] où l'ange se fait le repoussoir d'une vierge en retrait, retirée en elle-même, lointaine.

Fig. 3

La médiologie fait des reproches à la sémiotique : celle-ci évacuerait « la maté-rialité du support », occulterait « le milieu d'acheminement des messages avec son bruit, sa densité, ses relais, ses blocages », serait une « dictature du signi-fiant »[6] , « une superstition du signe »[7]. Pire, la médiologie, comme un nouveau

---

[4]   Régis Debray, « Abécédaire », in *Cahiers de Médiologie* n°6, p.264.
[5]   « Nous voyons ainsi que quand certains sont tristes, parce qu'ils sont accablés de soucis et de maux, leurs sens et leurs forces sont engourdis, leur allure languissante, leurs membres pâles et chancelants. Le front de ceux qui sont affligés est plissé, la tête penchée et tous les membres pendants comme s'ils étaient épuisés et abandonnés. Ceux qui s'emportent et dont l'âme est enflammée de colère ont un visage et des yeux gonflés, ils rougissent et la fureur de la colère rend les mouvements de tous leurs membres très vifs et agités. Mais lorsque nous sommes joyeux et de bonne humeur, nous avons alors des mouvements déliés et rendus agréables par leur souplesse. » (Leon Battista Alberti, *De Pictura*, p.175).
[6]   Voir les propos de R. Debray dans le Dossier 01 de la revue *Solaris* (1994).

Horla[8], vient annoncer l'arrêt de mort de la sémiologie, par un discours performatif : « la courbe sémiologique est en fin de parcours. J'aimerais que commence une courbe médiologique dans l'autre sens : après s'être libérée de la dictature du référentiel, – c'est-à-dire de l'assujettissement au monde qu'on se libère un peu de la dictature du signifiant par la référence au monde » (*cf.* note 4). Comme tout ange, le médiologue est un facteur, un préposé qui annonce la « Bonne » nouvelle d'un changement d'état : « tu seras mère », « tu es à la fin de ton parcours ». Ecoutons Michel Serres à ce sujet :

> As-tu remarqué, enfin, la discrétion des Anges et la brièveté de leurs messages ? Comme les prépositions, ils ne disent presque rien, mais déclinent le destin de tous ceux qu'ils visitent. – Messagers, certes, mais surtout malaxeurs de pâte humaine. – Les prépositions changent les mots et la syntaxe, les préposés transforment les hommes[9].

Dans ce « colloque angélique et marial »[10] les regards ne se croisent pas. Entre les deux actants : la colonne blanche de l'incompréhension, du dialogue de sourds, cette colonne engloutissant précisément l'acceptation de la vierge « *Fiat mihi secundum* », « qu'il me soit fait selon ». N'accepte-t-elle pas vraiment l'annonce de la naissance de la médiologie au détriment de la sémiologie ? Rappelons les faits. Dans cette Annonciation de Fra Angelico, l'ange messager amène le « verbe » à qui de droit (ainsi que son nom : la bénie). Le message, à l'instar des phylactères de la BD actuelle, est tracé en lettres d'or reliant l'ange à la vierge (de gauche à droite et de droite à gauche). Dans d'autres annonciations, comme celle de Simone Martini [*Annonciation*, 1333, Florence, Offices : *fig.4*], la simple salutation suffit pour que la vierge se détourne. Elle refuse d'emblée.

Fig. 4

---

7   Régis Debray, 'Sémiologie' in « Abécédaire », op. cit., p.280

8   « Le Règne de l'homme est fini » ; « L'Etre nouveau, le nouveau maître, le Horla ! » (Guy de Maupassant, *Le Horla*, Albin Michel, Poche, p.44 et 49).

9   Michel Serres, *La Légende des anges*, Paris, Flammarion, 1999 (1993), p.122.

10   *Ibid.*, p.91.

Tandis qu'ici elle a le cran de répondre. Les paroles performatives de l'archange « L'Esprit Saint descendra sur toi et la Vertu du Très-Haut te couvrira de son ombre » (*Spiritus Sanctus superveniet in te et virtus Altissimi obumbrabit tibi*) encadrent et embrassent en effet une réponse de Marie tout en nuances. Par le simple fait de répondre, la vierge accepte la salutation angélique et accomplit la volonté divine, assurant ainsi la réussite de l'acte de langage, consentant à ce que le Verbe se fasse chair : « Je suis la servante du Seigneur. Qu'il me soit fait selon ton Verbe » (*Ecce ancilla domini. Fiat mihi secundum Verbum Tuum*). Or, cette réponse est écrite de droite à gauche et la tête en bas et dès lors illisible. Son acceptation n'est donc pas aussi univoque qu'il n'y paraît. Ou plutôt, elle a déjà répondu avant qu'on ne lui pose la question : la sémiotique pratique déjà la médiologie avant que l'ange ne l'y invite. Et Daniel Arasse de corroborer nos propos lorsqu'il avance que ce n'est pas à celui qui regardait que ce dialogue était adressé. Les paroles bibliques étaient d'ailleurs, connues de tous: « Installé sur l'autel avance-t-il dans *Le Détail* - le retable est trop éloigné des fidèles pour que l'inscription leur soit lisible. Combien de personnes, en outre, parmi ces fidèles, étaient même capables de lire ? »[11]. Qui plus est, le segment *Fiat mihi secundum* (« Qu'il me soit fait selon ») est fondu dans la colonne qui s'avère une figure du Christ pour les Dominicains : « Tout en se substituant à la formule qui réalise, dans l'instant, l'incarnation, la colonne désigne aussi ce qui, caché, advient : Jésus, Incarnation du Dieu Sauveur »[12]. Dans *L'Annonciation italienne*, Arasse va encore plus loin. Il remarque que le « point de fuite » est situé sur le bord du tableau, « à la limite de la zone végétale et de la zone désertique du 'paysage' »[13] tandis que le centre géométrique du panneau est situé dans la domuncula de Marie, dont la valeur mystique et théologique est confirmée par cette « colonne christique ». En outre « une porte s'ouvre derrière le visage de Gabriel et donne sur la chambre de la Vierge, le *thalamus virginis*, comme l'indiquent le coffre et le rideau rouge du lit ». Or, puisque cette chambre échappe à une localisation géométrique, son « incommensurabilité » donne elle aussi figure au « mystère du corps marial… » (p.136).

En réalité, le médiologue, le messager, le mandataire, l'intermédiaire, le médiateur, le transmetteur, l'ascenseur Gabriel ne veut pas causer de préjudice

---

[11]   Daniel Arasse, *Le Détail. Pour une histoire rapprochée de la peinture*, Paris, Flammarion, 1996, p.19. Michel Butor donne une explication théologique au fait que l'acceptation de la vierge soit reproduite la tête en bas dans le cas de l'Annonciation de Jean Van Eyck (Polyptique de l'Agneau mystique, 1426-32) : « L'ange à gauche prononce, en lettres d'or qui s'inscrivent librement dans l'air en une ligne parfaitement horizontale : AVE GRATIA PLENA DOMINUS TECUM [...]. Les paroles de la salutation viennent du Ciel et sont adressées à la Terre, nous devons donc les lire de notre sol en regardant vers le haut ; par contre les mots de la Vierge sont la réponse de la Terre au Ciel, c'est donc d'en haut qu'il les faudrait lire, en regardant vers le bas. Toute la théologie de Van Eyck commande sa façon de disposer les inscriptions. » (Michel Butor, *Les Mots dans la peinture*, pp.114-116).

[12]   *Ibid.*, p.23

[13]   Daniel Arasse, *L'Annonciation italienne*, Paris, Hazan, 1999, p.134.

à Marie, il lui dit simplement que, sans lui, elle n'est rien, elle ne signifie rien. Elle se tait d'abord mais elle aura le dernier mot inscrit à l'envers et de droite à gauche : sans moi c'est toi qui n'es rien, d'ailleurs sans moi il n'y aurait que le support, la transmission, c'est moi qui assure l'incarnation, c'est moi la chambre du fils, c'est grâce à moi que les choses prennent chair et font sens. On peut donc rétorquer que la sémiotique (et la sémiotique visuelle en particulier) s'occupe nécessairement du support dès lors que l'image est toujours déjà incarnation : cette chair n'est pas immatérielle, l'énonciation est toujours déjà compromise avec la mise en discours ou en image. Elle correspond par conséquent toujours déjà à un des questionnements fondamentaux de la médiologie, à savoir : comment un Verbe se fait-il Chair ? C'est pourquoi on voit la vierge perdre sa réserve, son humilité et se gonfler à la fois d'ire et de jubilation dans d'autres Annonciations [Benvenuto di Giovanni, *Annonciation*, 1466 , détrempe sur bois, 172x168cm, Volterra, Museo d'arte sacra : *fig.5* / Botticelli, *Annonciation*, 1489-90, détrempe sur bois, 240x235cm, Florence, Offices : *fig.6*].

Fig. 5

Fig. 6

Nous pourrions tenter une autre allégorie. À gauche, les médias, la valeur d'exposition, la visibilité, mobile, envahissante, immatérielle, entrant par la fenêtre dans nos domiciles et dont les « corps subtils » bénéficient d'un don d'ubiquité (comme disait Benjamin), à droite l'image, la valeur de culte, le rituel, le secret, immuable, dans sa crypte, la loi de la pesanteur. A gauche, les arts du temps sujets aux variations de la mode (on sait que les ailes variaient d'un peintre à l'autre), à droite l'art de l'espace.

Or même s'il y a affrontement, celui-ci nous est offert dans sa latéralité, loin d'une agressivité frontale. A y regarder de plus près, on voit même que la médiologie et la sémiotique se courbent l'une vers l'autre. L'ange vient-il se confesser, se faire analyser par la vierge ? Cette inclination témoigne en tout cas d'un respect mutuel, à en croire Michel Serres.

L'humilité seule produit cette symétrie : transparent par rapport au verbe qu'il porte, l'Ange se prosterne devant celle qui fait déjà l'objet du culte d'hyperdulie, qui se prosterne avec résignation devant le destin annoncé par le verbe messager. En frères angéliques, ils s'humilient tous deux devant Dieu. Elle s'incline, aussi bien, devant l'enfant que, déjà, dans son ventre, elle-même porte, et lui devant la parole que lui-même apporte. Lorsque nous parlons, nous nous effaçons devant le sens que notre discours transporte. Pour Fra Angelico et le colloque angélique, Dieu est le sens ; lorsque nous nous entretenons, le sens devient Dieu[14].

Et certains médiologues ont déjà exprimé ce respect. Louise Merzeau, dans l'article « Sémiologie » de l'Abécédaire, atténuant le laconisme ironique de Régis Debray lequel résume la sémiologie à une « Superstition du signe, très en vogue dans la deuxième moitié du 20ème siècle », avance ceci : « (Presque) tous les médiologues l'ont attrapée, mais certaines séquelles peuvent produire d'heureux effets… Quand la science des signes n'oublie pas le signal au profit du code, ou le dispositif au profit de la grammaire, elle est un passage obligé pour la médiologie, qui ne saurait réduire la médiation ni aux supports, ni aux rapports. Il n'y a pas de sens sans organisation, sans matière et sans relation. Mais les objets et les hommes sont eux-mêmes enveloppés par un processus ininterrompu de production de sens, qui redouble et déplace les effets de la transmission. […] » (p.280) Qu'entend-elle cependant par « (Presque) tous les médiologues l'ont attrapé » ? Est-ce la superstition ou une maladie ? En tout cas si c'est une maladie elle semble nécessaire. Mais on pourrait aussi dire que les médias sont la maladie de l'image, ou que l'image guérit des médias[15]. Et il appartient d'ailleurs à la médiologie de mettre en garde contre ce qui pourrait ôter à l'image son potentiel de sens et d'ouverture lorsqu'elle devient image médiatique, du moins c'est ce que fait Serge Tisseron au sujet des images de guerre :

[…] toute pensée qui veut échapper au risque de l'idéologie doit veiller à se donner des images opaques, floues ou contradictoires. Non pour dire que la vérité n'existe pas, mais pour signifier qu'elle reste toujours à découvrir et qu'aucune image ne peut le saisir. L'image photographique, picturale, cinématographique ou seulement racontée devient dangereuse lorsqu'elle redouble exactement le discours qui l'accompagne. Et elle devient totalitaire lorsque le discours qu'elle redouble est exclusif de tout autre. Elle empêche alors le dynamisme de la pensée en cristallisant un fantasme d'achèvement[16].

D'une part, les médias ne peuvent pas survivre sans l'image, sans une connaissance des effets de sens de l'image. D'autre part, l'image ne peut pas survivre sans les médias, sans sa transmission, son exposition, sa distribution. Aussi nos frères ennemis se découvrent-ils soudain frères de lait. De nos jours

---

[14]   Michel Serres, *La Légende des anges*, Paris, Flammarion, 1994 (1993), pp.93-94.
[15]   Nous sommes les victimes des médias en passe de « sédentarisation terminale » devant notre téléviseur, comme dirait Paul Virilio.
[16]   Serge Tisseron, « Images et croyances » in *Cahiers de médiologie* n°8, pp. 39-40.

plus que jamais les deux approches semblent œuvrer de concert même si cette complicité reste inavouée. Et le passage des *Cahiers de médiologie* à la revue *Médium*[17] semble accompagner cette « sensibilisation » et ce « délestage » de la médiologie. Celle-ci s'interroge de plus en plus sur les effets de sens (voir « Effet jogging » dans *Médium*, 4) et sur l'efficacité symbolique non seulement de la technique mais aussi du religieux, du juridique ou du sociologique. La sémiotique, pour sa part (notamment la sémiotique visuelle, entre autres avec la revue *Visibles*[18]), se penche de plus en plus, d'une part, sur la dimension syncré-tique, polysensorielle et intermédiale de l'image, d'autre part, sur les procédés éminemment matériels de visualisation par des dispositifs modélisants ou iden-tificatoires : schémas, graphiques, diagrammes, cartes, etc. Cela témoigne-t-il d'une révolution épistémologique ou d'une nécessité conjoncturelle ? Gageons en tout cas que les débats en sciences humaines à l'ère de l'hypersphère soient nourris de cette chair, de ce Verbe incarné qui met fin à tout dialogue de sourds entre disciplines. A suivre…

---

[17]   *Médium*, Editions Babylone.
[18]   *Visibles*, Limoges, PULIM.

Pierre Lévy, Université d'Ottawa

POUR UNE LANGUE DE L'INTELLIGENCE COLLECTIVE

> Le terme extrême proposé à la puissance de l'humanité est la puissance, ou vertu, intellective. Et parce que cette puissance ne peut, d'un seul coup, se réduire toute entière en acte par le moyen d'un seul homme ou d'une communauté particulière, il est nécessaire qu'il règne dans le genre humain une multitude par le moyen de laquelle soit mise en acte cette puissance toute entière. [...] Et Averrhoes (Ibn Roshd) est d'accord avec cette sentence dans son commentaire sur les livres de l'âme.
>
> Dante, *Monarchie*, I, 3.

> Le problème de l'intelligence collective est de découvrir ou d'inventer un au-delà de l'écriture, un au-delà du langage tel que le traitement de l'information soit partout distribué et partout coordonné. Qu'il ne soit plus l'apanage d'organes sociaux séparés mais s'intègre au contraire naturellement à toutes les activités humaines, revienne entre les mains de chacun. Cette nouvelle dimension de la communication devrait nous permettre de mutualiser nos connaissances et de nous les signaler réciproquement, ce qui est la condition élémentaire de l'intelligence collective. Au-delà, elle ouvrirait deux possibles majeurs, qui transformeraient radicalement les données de la vie en société. Premièrement, nous disposerions de moyens simples et pratiques pour savoir ce que nous faisons ensemble. Deuxièmement, nous manierions, encore plus facilement que nous n'écrivons aujourd'hui, les instruments qui permettent l'énonciation collective. [...] Encore indiscernable, assourdie par les brumes du futur, baignant de son murmure une autre humanité, nous avons rendez-vous avec la surlangue[1].

L'écologie des idées et l'évolution du langage humain

Le langage articulé a ouvert à l'humanité la possibilité de poser des questions, de raconter des histoires et de dialoguer. Il a permis le surgissement d'entités inconnues des sociétés animales : les nombres, les dieux, les lois, les œuvres d'art, les calendriers, l'aventure technique, et l'univers entier de la culture. Je désigne ici sous le nom d'idées ces formes complexes qui n'apparaissent, ne se

---

[1] Pierre Lévy, *L'intelligence collective*, Paris, La Découverte, 1994.

reproduisent et n'évoluent que dans le monde de la culture, dans l'espace de signification ouvert par le langage.

Le langage a permis aux communautés humaines un saut d'intelligence collective par rapport aux ruches, aux troupeaux et aux meutes parce qu'il crée un lien de coopération compétitive plus fort et plus souple que celui qui unit les insectes des fourmilières ou les singes des hardes de babouins. En mettant l'idée au centre de mon modèle j'ai choisi une approche de l'intelligence collective humaine qui la distingue radicalement de celle des autres sociétés animales. Dans ma perspective, le langage marque le seuil à partir duquel se constituent des écosystèmes d'idées – des sortes d'hypertextes spirituels – vivant en symbiose avec les sociétés de primates parlants que forment les humains. Ces écosystèmes d'idées se complexifient, dépérissent, se diversifient ou se mélangent, entraînant les sociétés qui les nourrissent sur un chemin partiellement indéterminé d'évolution culturelle. Teilhard de Chardin a baptisé « Noosphère » l'écosystème mondial de toutes les idées que la mondialisation et le développement des moyens de communication qui culmine dans le cyberespace commence à nous faire toucher du doigt.

Les communautés humaines ne peuvent survivre qu'en entretenant des cultures, à savoir des intelligences collectives semi fermées propres à l'élevage (reproduction et sélection) des idées. Une personne morale, une entreprise, une institution, une nation, une religion, un parti politique, une science, une communauté virtuelle ou une tribu cultivent – nolens volens – des écosystèmes d'idées. Au cours de son existence, une culture explore une direction d'évolution viable pour ses idées.

Nos représentations mentales donnent aux idées leurs formes. Les représentations sont en quelque sorte la figure, ou le masque, des idées. Les représentations peuvent être de toutes sortes, d'une variété en principe illimitée : les images de nos perceptions, celles qui sont forgées par l'art humain, les musiques, les symboles, les structures de relations ultra-complexes construites grâce au langage et à de multiples systèmes de signes.

Nos intentions sont les âmes des idées : le mouvement qui anime la figure. Les intentions dirigent les représentations mentales vers certaines missions, ou certaines cibles. Elles leurs confient un but, qui peut être rapproché, ou bien au contraire très lointain, pointant vers des horizons presqu'inaccessibles. On peut considérer les intentions comme la structure abstraite des émotions, c'est à dire comme des vecteurs pourvus d'une force (l'intensité) et d'une direction (la « nature » de l'émotion). Il est important de distinguer les représentations et les émotions, parce qu'une même représentation, selon les circonstances, peut servir de figure à des émotions très différentes.

Nos compétences sont les organes reproducteurs, moteurs et nourriciers que nos esprits offrent au monde des idées. Ce sont les facultés humaines grâce auxquelles nos principaux symbiotes – les symboles – sont conçus, reproduits et entretenus. La culture « élève » donc (au-dessus des autres) certaines qualités humaines, ou compétences, qui sont les organes particuliers des idées dont cette culture explore l'évolution.

La relation symbiotique entre populations et écosystèmes d'idées (chacun se nourrissant de la vie de l'autre), a d'importantes conséquences. Certaines populations permettent aux idées une meilleure reproduction, notamment grâce à l'écriture, aux médias de communication et à des institutions et « valeurs » qui favorisent l'intelligence collective et la floraison de la vie de l'esprit. De telles populations bénéficient en retour de moyens culturels étayant leurs performances démographiques et leur santé. Les écologies d'idées qui offrent aux populations les meilleurs avantages compétitifs obtiennent, de ce fait même, des ressources humaines et techniques qui leur assurent durée, abondance et diversité. Inversement, les populations sélectionnant des écosystèmes d'idées qui les amènent à s'affaiblir, ou à s'autodétruire d'une manière ou d'une autre, ne peuvent se reproduire longtemps, et ne pourront donc pas non plus reproduire les écosystèmes d'idées en question. En somme, le processus d'évolution culturelle consiste essentiellement en une sélection mutuelle des deux « moitiés » symbiotiques (ou symboliques) : écologies d'idées et populations humaines, sans point fixe ou terme causal absolu.

Une nouvelle idée (un nouveau circuit d'actes cognitifs complexes) ne dure (ne se reproduit) que si ses « retombées » sont favorables aux populations d'idées qui l'alimentent : les idées qui n'ont aucune retombée coopérative positive ne sont pas « viables ». L'idée qui détruit l'environnement qui la nourrit en pillant toutes ses ressources sans rien lui rendre n'est pas « durable ». Les processus de mutation, reproduction et sélection d'idées, comme l'influence qu'ils ont en retour sur les populations qui les abritent, obéissent évidemment à des rythmes et à des durées multiples et complexes. Ils sont également très dépendants des contextes historiques et géographiques. La communauté de recherche sur l'intelligence collective n'a donc pas vocation à porter des jugements prétendument « scientifiques » (et encore moins « définitifs ») sur les bonnes ou les mauvaises idées. Dans notre perspective, le bon et le mauvais ne sont pas des qualités stables et bien définies d'idées particulières. Une idée n'est pas bonne ou mauvaise « en elle-même ». Mais dans les circonstances où elle intervient, elle favorise ou défavorise la culture qui l'abrite en fonction de la situation particulière d'un système écologique complexe et ultrasensible. C'est une des raisons pour lesquelles j'ai choisi le modèle du jeu : une pièce (une idée) n'est ni bonne ni mauvaise, elle est seulement porteuse d'une puissance. En revanche, dans le cours d'une partie, il est indispensable d'évaluer et de hiérarchiser la valeur des coups possibles au moyen de cette pièce (de cette idée). Autrement dit, une idée ne peut être l'objet d'une évaluation morale a priori. Seul un acte peut être jugé directement, une idée doit d'abord avoir inspiré beaucoup d'actes dans des cultures et des situations différentes avant que l'on puisse former sur elle un jugement informé. Les idées n'ont de valeur que par les effets à long terme des actes qu'elles inspirent sur le bien-être de ceux qui les nourrissent.

L'évolution des écosystèmes d'idées a été le plus souvent orientée par les rétroactions en provenance des effets (éventuellement défavorables) produits sur les êtres humains qui nourrissent ces écosystèmes. Pourquoi vouloir

créer une science ou une culture délibérée de l'intelligence collective si la
« sélection culturelle » se produit automatiquement ? Parce qu'une autre forme
d'évolution est possible, celle qui consiste à cultiver délibérément les écosystèmes d'idées de telle sorte qu'ils évoluent dans le sens d'un accroissement
de l'intelligence collective, et donc de la santé, de la prospérité économique, de
la richesse culturelle et du raffinement spirituel des communautés qui les
soignent, les élèvent et les sélectionnent. La seconde option est à tous égards
plus sage, parce que moins coûteuse pour les populations humaines.

Après qu'elle ait passé l'immense majorité de son existence sous le
régime de cultures orales de tribus nomades, l'humanité a franchi un cap
important en apprivoisant et en sélectionnant de manière délibérée des espèces
animales et végétales. Elle est aujourd'hui confrontée au défi de la gestion
délibérée des connaissances, des intentions et des savoir-faire qui forment la
base de la vie et de l'évolution des idées. Aujourd'hui, comme jadis, un pas
décisif nous permettra de créer pour nos descendants un avenir beaucoup plus
sûr.

Outre l'agriculture, le même saut évolutif a créé la ville, l'état et
l'écriture. En Mésopotamie, en Egypte, dans la vallée de l'Indus, en Chine et
dans les grandes civilisations pré-colombiennes, les mêmes étapes semblent
s'être succédées : agriculture, ville, temples, états, et dans tous les cas (la plupart
du temps indépendants les uns des autres), invention d'une écriture idéographique pour couronner le processus. Il me semble que nous sommes en
train de revivre le même type d'avancée, mais à une échelle et à une vitesse
supérieure.

Combinée à l'écriture alphabétique, l'invention de l'imprimerie a initié
un mouvement de mutation globale de l'écosystème des idées. La révolution de
la science expérimentale, couplée aux révolutions industrielles, a déstabilisé les
vieilles civilisations néolithiques et entraîné la culture au point d'une deuxième
grande mutation. La déstructuration de la famille, l'urbanisation massive,
l'intégration économique mondiale, la multiplication des contacts et des
transports, la naissance enfin du cyberespace comme instrument de communication interactif transfrontières et amorce d'une nouvelle échelle et d'une
nouvelle forme d'espace public, tous ces événements me semblent converger
vers la naissance d'une méta-ville. Le prolongement de tous les mouvements
en cours semble pointer vers l'apparition de nouvelles formes politiques,
économiques et culturelles pour les générations qui vont nous succéder. Les
nombreux conflits qui déchirent l'humanité expriment l'extrême tension que
cette mutation nous fait subir, surtout lorsque nous n'en voyons pas le « but ».
Au milieu de l'incertitude, quelques grands principes semblent se dégager,
comme celui qui veut que les idées et connaissances constituent désormais « la
richesse des nations ». C'est cette nouvelle phase de l'aventure humaine que
l'art-science de l'intelligence collective veut accompagner.

Les premiers paysans du néolithique ont fourni le nom et le modèle
même de la culture, son rapport au temps. L'écriture néolithique est elle-même
un analogue de l'agriculture. On cultive les idées comme on cultive les plantes

domestiques. Les signes sont semés sur l'argile, ou sur toute sorte de matériaux terrestres, lourds ou fragiles. La lecture est comme une récolte, la multiplication dans les esprits des signes que l'on a semé… et des idées auxquelles ces signes sont attachés. Aujourd'hui, nos chercheurs en biotechnologies déchiffrent les génomes, les réécrivent et peuvent manipuler le fonctionnement des cellules à l'échelon moléculaire. Il est possible que la méta-écriture (ou la surlangue) de l'avenir soit, elle aussi, fondé sur la manipulation tridimensionnelle dans le cyberespace d'une sorte de codage culturel dynamique.

Les bergers et les paysans qui nous ont succédé ont cultivé les organismes et les idées de la même manière, semant et récoltant au rythme des saisons. Nous manipulerons les idées grâce à la connaissance de leur « code », et nous les lancerons sur le marché ou dans l'environnement culturel, après avoir simulé leurs effets écologiques et économiques. Répondant à cette nouvelle condition « post-moderne », la science de l'intelligence collective (ou science des écosystèmes d'idées), propose de simuler les interactions entre idées. Il n'est pas interdit d'imaginer les caractères essentiels de la nouvelle écriture. Elle devrait exprimer de manière synthétique les dynamiques écologiques de grandes quantités d'idées différentes. Elle devrait permettre de vérifier rapidement la viabilité d'un écosystème d'idées. Elle devrait enfin contenir dans sa structure même une information décisive sur l'organisation du monde des idées. En somme, ce pourrait être un codage de l'univers sémantique différent de celui de la langue, différent aussi des écritures héritées du néolithique et qui avaient sur-codé l'oralité sur un support fixe et durable. La nouvelle couche symbolique sera sans doute visuelle, comme l'écriture classique, mais elle sera en outre tridimensionnelle, animé et interactive, tel un jeu vidéo ou les simulation graphiques des chercheurs en biologie. Les idéogrammes joueront les « personnages » élémentaires du monde virtuel des idées. Ce projet de langue de l'intelligence collective a un nom : le Web Sémantique.

Le Problème du Web Sémantique

Les documents du Web sont aujourd'hui adressés – au moyen des URL, *Universal Resource Locators* – par la situation physique des serveurs qui les portent. L'intuition fondamentale du web sémantique est de substituer à cet adressage des informations par leur localisation matérielle, un adressage par leur position dans un espace *sémantique* universel. Le Web Sémantique permettrait d'établir un certain ordre (dynamique), une plus grande transparence, et donc de meilleures possibilités d'orientation dans un réseau numérique que chacun s'accorde à qualifier aujourd'hui de chaotique. L'ordre fourni par le Web Sémantique n'implique ni cloisonnement ni censure, mais la possibilité de *donner sens* à d'énormes quantités d'informations en cartographiant leurs flux de manière pertinente. En outre, l'adressage sémantique permettrait aux agents logiciels et aux moteurs de recherche d'augmenter leur efficacité dans la « compréhension » des documents et le traitement des informations, et donc de mieux exploiter au service du développement humain les ressources offertes par le cyberespace. Pourquoi le Web Sémantique n'est-il toujours pas construit, alors que l'idée de sa création date du début des années 90 ? Entre le système d'adressage du Web actuel et celui du Web Sémantique à construire, il y a la différence entre un espace physique, dont nous connaissons la forme, et un *espace de la signification*, dont nous ignorions, jusqu'à maintenant, la structure. Un des problèmes les plus difficiles à résoudre pour réaliser le Web Sémantique est donc d'établir un système universel de cartographie de l'espace du sens. La solution à ce problème est ici proposée à la communauté scientifique pour la première fois.

Dans son article de mai 2001 dans *Scientific American*, Tim Berners Lee, l'inventeur du Web, écrit « *The challenge of the Semantic Web, is to provide a language that expresses both data and rules for reasoning about the data* ». Autrement dit, l'avènement du Web Sémantique suppose la découverte d'un langage universel suffisamment formel pour être compris par les ordinateurs (« *rules for reasoning about the data* ») et suffisamment accessible et pertinent pour susciter le plaisir ou l'intérêt des humains qui le manient (« *expresses data* »).

L'ontologie universelle exprimée par ce langage doit respecter la richesse et la diversité des *ontologies locales* déjà créées par les différentes cultures, ainsi que par les organismes qui ont établi des classifications, thésaurus, langages documentaires et autres normes d'indexation. Le langage structurant le web sémantique doit proposer un système de codage sémantique universel, délibéément conçu pour faire apparaître l'image la plus claire possible des mouvements de l'intelligence collective et les aventures de ses singularités ontologiques. La création d'un tel langage suppose donc *une recherche proprement philosophique*, que peu d'informaticiens sont armés pour entreprendre seuls ; mais une recherche philosophique orientée vers une pratique positive et informée, jusqu'aux détails techniques, des potentialités de progrès humain que comportent les technologies numériques.

Le vocabulaire idéographique du langage CIML (exposé génétique)

J'ai eu la première intuition qui allait me guider sur la voie du CIML à la fin de l'année 1991. Je venais de prédire dans mon livre *Les Technologies de l'Intelligence* (Paris, 1990) *l'interconnexion générale des ordinateurs* ainsi que la généralisation de *l'hypertexte* comme forme canonique de l'écriture et métaphore fondamentale de la signification, et cela 3 ans avant que le web ne devienne public. Je terminais alors de rédiger *L'Idéographie dynamique* (Paris, 1992), un ouvrage présentant l'hypothèse théorique d'un langage universel d'images animées sur écran d'ordinateurs, fondé sur les *langages de programmation orientés objets* et capable de visualiser la complexité des modèles mentaux.

A cette époque, j'avais été appelé par le Premier Ministre français à proposer un système innovant pour la formation professionnelle et l'enseignement à distance. J'ai donc concentré mes recherches sur une *catégorisation universelle des apprentissages* qui puisse fournir une aide à l'orientation dans la nébuleuse des réseaux qui commençait à s'étendre. C'est alors que le *Trivium* « Grammaire, Dialectique, Rhétorique » qui organisait l'enseignement libéral dans l'antiquité gréco-romaine et les universités médiévales a commencé à attirer mon attention. La *Grammaire* proposait l'apprentissage des systèmes de signes. La *Dialectique* enseignait la logique et exerçait les capacités théoriques. Finalement, la *Rhétorique* était un entraînement à la conception et à la création de messages efficaces, capables d'emporter la conviction des destinataires. Mais l'Antiquité et le Moyen-âge méprisaient les compétences physiques et les travaux mécaniques. Afin de surmonter ce biais culturel, je commençai à élaborer une grammaire (performances sensori-motrices), une dialectique (savoir-faire techniques) et une rhétorique (ingénierie) du monde physique, parallèle à celui des signes et de la communication qu'avait structuré l'université médiévale. Alors que je travaillais ainsi sur la construction de telles catégories universelles, je découvris, sans le savoir sur le moment, ce qui allait ouvrir la voie au langage CIML. Les *catégories* (par opposition aux individus singuliers) que nous pouvons manipuler grâce au langage articulé, nous permettent d'organiser nos perceptions et nos actions. Mais quelle est la nature de ces catégories? Cette question se pose au moins depuis le dialogue entre Platon et Aristote, portait au Moyen-Âge le nom de « querelle des universaux » et continue à être débattue aujourd'hui par les sciences cognitives. Le problème des catégories possède trois grandes solutions, classiquement exclusives l'une de l'autre, explorées par des siècles de recherches approfondies en philosophie, en linguistique et en sciences de l'esprit. Les catégories peuvent être : ou bien des propriétés des choses (elles seraient donc « dans les choses ») ; ou bien des effets de mots, de noms, les individus étant les seuls êtres réels (elles seraient donc « dans les signes ») ; ou bien des concepts de l'esprit (donc « dans les êtres », mettant en relation les signes et leurs références réelles).

C'est alors que j'ai eu l'intuition libératrice de refuser de faire entrer de force toutes les catégories dans une seule des trois réponses. Les véritables catégories universelles, grâce auxquelles le langage CIML pourra distribuer équitablement les unités de sens, devaient être à la fois *l'être*, le *signe* et la *chose*. En effet, une tradition multiséculaire de recherche sur la signification nous apprend que le sens se construit dans une interaction entre… le *signe*, le signifiant, mot ou image sensible, *vox* de la scholastique, fondation du signe pour C.S. Peirce, etc. (figuré par un pi dans les schémas ci-dessous) ; le référent du signe, ce qu'il désigne : la *chose*, *res* pour la scholastique, objet pour C.S. Peirce, etc. (figuré par un cube dans les schémas ci-dessous) ; et *l'être*, qui relie les deux précédents dans la pensée, le signifié de la linguistique, le *conceptus* scholastique, l'interprétant de C. S. Peirce, etc. (figuré par un bonhomme).

Comme on le verra, le système de codage sémantique ici proposé (le CIML) se fonde sur la structure même de la signification : la *relation* triadique entre être, signe et chose.

Fort de cette découverte, je pouvais compléter mon *trivium* généralisé en ajoutant une grammaire, une dialectique et une rhétorique des *êtres*, à celle des signes et des choses. J'avais obtenu les neuf premiers idéogrammes-archétypes du CIML, cartographiant la zone sémantique des *compétences*.

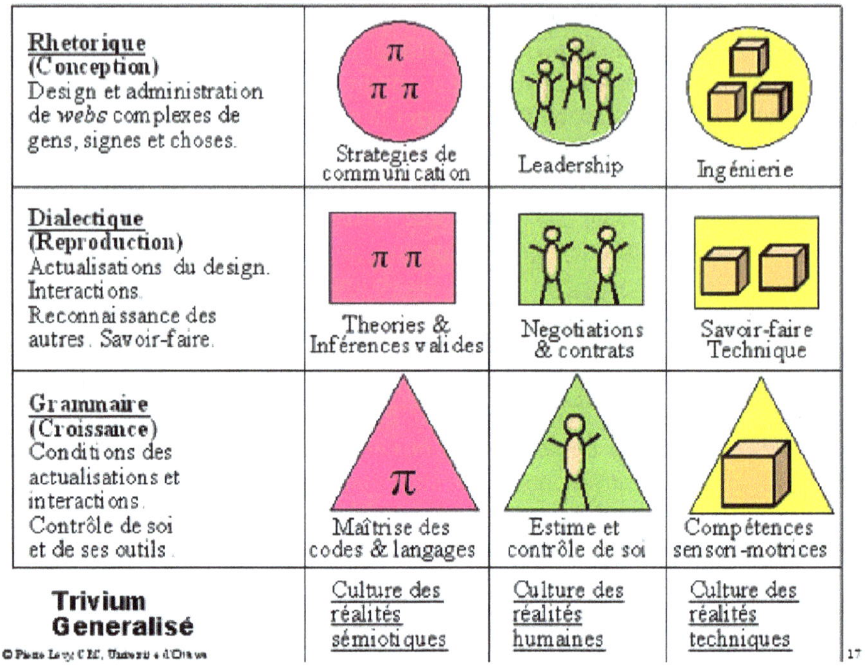

Rhetorique (Conception) Design et administration de *webs* complexes de gens, signes et choses.	π π π Strategies de communication	Leadership	Ingénierie
Dialectique (Reproduction) Actualisations du design. Interactions. Reconnaissance des autres. Savoir-faire.	π π Theories & Inférences valides	Negotiations & contrats	Savoir-faire Technique
Grammaire (Croissance) Conditions des actualisations et interactions. Contrôle de soi et de ses outils.	π Maîtrise des codes & langages	Estime et contrôle de soi	Compétences sensori-motrices
Trivium Generalisé © Pierre Lévy CMC, Université d'Ottawa	Culture des réalités sémiotiques	Culture des réalités humaines	Culture des réalités techniques

DIAGRAMME 1 : LES 9 ARCHÉTYPES DES COMPÉTENCES

La découverte du Trivium s'est accompagnée de l'invention des « arbres de compétences », un logiciel de cartographie automatique des savoir-faire et des parcours d'apprentissage d'un groupe. La compagnie que j'ai fondée (avec Michel Authier), toujours vivante, et qui a développé ce logiciel pionnier (dès 1992) dans le domaine de la gestion des connaissances s'appelle d'ailleurs Trivium SA. Le système des arbres de compétences est exposé dans l'ouvrage *Les Arbres de connaissances*, traduit en plusieurs langues, et qui a connu plusieurs rééditions en collection de poche.

Encouragé par ce résultat, je me mis à explorer la combinatoire « Etre, signe, chose » en elle-même. J'obtins alors les neuf *dimensions* fondamentales dans lesquelles se déploie la création de l'univers humain.

Les 9 archétypes des intentions humaines

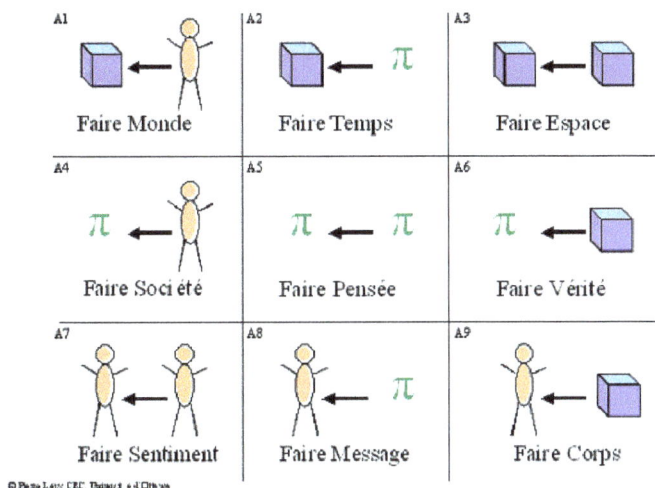

DIAGRAMME 2 : LES 9 ARCHÉTYPES DES INTENSIONS HUMAINES

L'être s'implique dans la chose: faire monde. L'environnement physique est humanisé par les hommes qui *nomment* ses traits pertinents, y *travaillent* pour le transformer et y instituent des *valeurs*, positives ou négatives. Le mouvement d'hominisation lié au langage, à la technique et à l'éthique ne peut être séparé de la création d'un *cosmos*. Cet idéogramme désigne l'intention d'habiter le monde activement.

Le signe s'implique dans la chose: faire temps. Il s'agit de l'acte élémentaire *d'inscription* sans lequel la mémoire, et donc toute forme possible de temps, est impossible. Cet idéogramme désigne l'intention de durer.

La chose implique la chose: faire espace. L'enveloppement réciproque des choses constitue l'espace. Cet idéogramme désigne les intentions d'envelopper, de développer, de connecter et de déconnecter qui construisent l'espace humain.

L'être s'implique dans le signe : faire société. Je m'engage dans une promesse, nous nous engageons dans un contrat, nous avons pour ancêtre le même animal totémique, nous nous battons sous le même drapeau. Autant d'intentions partagées, de manières de faire société activement. Cet idéogramme désigne les engagements sociaux et la volonté de les respecter.

Le signe implique le signe : faire pensée. Les signes s'engendrent mutuellement sans fin dans la pensée : déduction, induction, interprétation, imagination… Cet idéogramme désigne la liberté du mouvement des signes.

La chose implique le signe : faire vérité. Un message est vrai s'il contient une description correcte d'un état de chose. Cet idéogramme désigne la précision du tir. La vérité, qui n'existe que dans le langage, doit être délibérément visée pour être atteinte.

L'être implique l'être : faire sentiment. Les sentiments, les émotions, quelles que soient leurs qualités, tissent les relations réciproques entre les êtres. Le désir, l'amour, la haine sont figurés par l'idéogramme des intentions entre les êtres.

Le signe s'implique dans l'être : faire message. Il n'y a de message que parce qu'un être le reçoit. Tout message résulte d'une intention d'écouter et de communiquer. Communiquer commence dans l'intention d'ouverture.

La chose s'implique dans l'être : faire corps. Lorsqu'un être acquiert des qualités matérielles, il prend corps ou s'incarne : naître, grandir, manger, vieillir, mourir, etc. Comme tous les animaux, nous cherchons activement à entretenir le bien-être de notre corps.

Ces relations simples entre les termes élémentaires de la signification sont les principales *intentions* visées par l'esprit humain. En effet, toutes les cultures ont besoin de structurer un espace et un temps, d'organiser leur société par des systèmes d'obligations, de nourrir et de soigner les corps, de distinguer la vérité de l'erreur, etc. Il faut noter également que la plupart des grandes orientations philosophiques prennent comme fondement, une ou quelques-unes de ces neuf fonctions primaires des écosystèmes culturels. Elles sont ici toutes réunies sur un pied d'égalité.

L'étape suivante dans la création des catégories universelles du CIML a consisté à passer des *intentions*, qui peuvent viser tous les possibles, aux *réalisations*, qui ont besoin de médiations concrètes. Les 9 intentions primaires pouvaient donc se réaliser grâce à trois types de *ressources réelles* faisant office de médiatrices : *les rôles sociaux*, joués par des personnes, les *opérations sémiotiques* accomplies par des messages et les *fonctions techniques* remplies par des équipements.

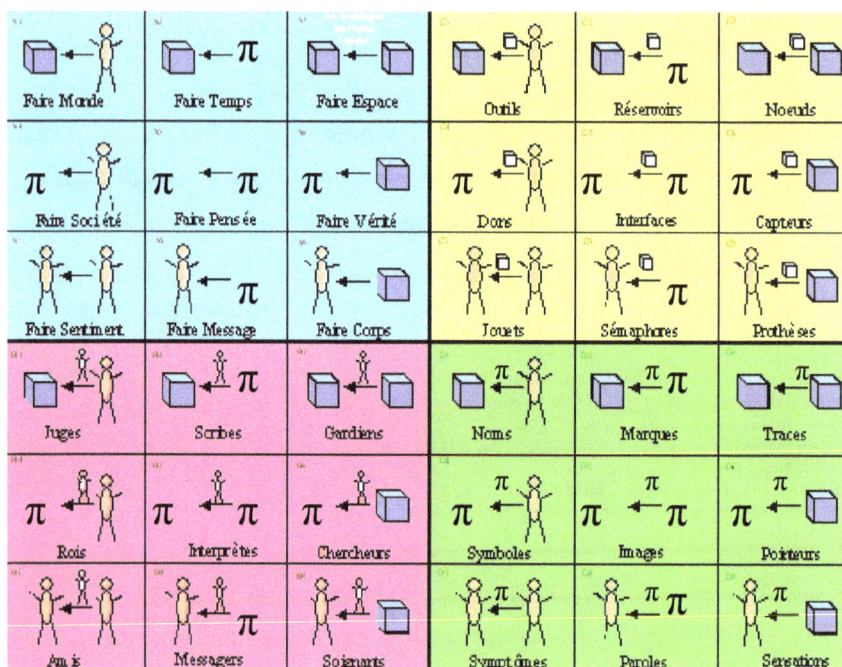

DIAGRAMME 3: LES 36 ARCHÉTYPES DES INTENTIONS, DES FONCTIONS TECHNIQUES, DES RÔLES SOCIAUX ET DES OPÉRATIONS SÉMIOTIQUES

Les « noms » des idéogrammes dans le schéma ci-dessus ne sont ici que pour orienter leur interprétation par des exemples saillants. *Les véritables mots du CIML sont les idéogrammes eux-mêmes.* Chaque idéogramme couvre une vaste zone sémantique correspondant à une quantité indéfinie de mots-clés (correspondant aux ontologies locales). Ce travail une fois accompli, j'ai combiné deux à deux les idéogrammes obtenus dans la sphère des intentions et dans chacune des trois sphères réelles. A partir du croisement systématique des 9 *archétypes* de chaque matrice initiale, j'ai obtenu, pour chacune d'elle, 81 (9 x 9) *types* dérivés.

Exemples de la matrice des intentions

« Faire temps » impliquant « faire vérité » donne « Apprentissages »
« Faire vérité » impliquant « faire temps » donne (vouloir saisir) les « Opportunités »
« Faire temps » impliquant « faire société » donne l'« Histoire »
« Faire société » impliquant « faire temps » donne la « Tradition », etc.

Exemples de la matrice des rôles sociaux

« Gardiens » impliquant « Juges » donne « Policiers »
« Juges » impliquant « Gardiens » donne « Avocats »
« Messagers » impliquant « Scribes » donne « Editeurs »
« Scribe » impliquant « Messager » donne « Comptables » (les comptes doivent être publics), etc.

Exemples de la matrice des opérations sémiotiques

Les « marques » impliquant elles-mêmes donnent les « nombres »
Les « marques » impliquant des « images » donnent les « idéogrammes »
Les « symboles » impliquant les « images » donnent les « icônes », etc.

Exemples de la matrice des fonctions techniques

« Outils » impliquant « Réservoirs» donne « Fours »
« Réservoirs » impliquant « Outils » donne « Carburants »
« Dons » (qui a entre autre le sens de *marchandise*) impliquant « capteurs » (instrument de mesure) donne « Monnaies »
« Capteur » impliquant « Dons » donne « Marché », etc.

Il ne s'agit là que d'une illustration très partielle de la structure des matrices combinatoires, qui ne peut apparaître que dans le rapport général de tous leurs éléments. Retenons que le mouvement organisateur de ces matrices de sens est *l'implication réciproque*. Leur principe de construction dessine une ontologie hypertextuelle selon laquelle tout facteur (ou ressource) peut entrer en relation avec n'importe quel autre pour produire un acte ou une signification originale.
C'est à ce stade de mon travail de recherche, que j'ai pu commencer à organiser les grands flux de relations et d'échanges de ressources entre les différents pôles de l'intelligence collective, faisant ainsi progressivement surgir dans ce langage idéographique la forme du Web sémantique.

Ontologie du Web Sémantique

Trois types de réseaux composent la *réalité* humaine : les réseaux de personnes – ou êtres – qui nouent la réalité sociale, les réseaux de communication, de documents et de messages qui tissent la réalité culturelle et les réseaux d'équipements et d'outils – ou choses – qui structurent la réalité physique de l'univers humain. Mais avec ces trois réseaux, nous ne disposons encore que de la moitié des matrices du Web Sémantique.

En effet, en corrélation avec la complexité et les performances uniques du langage humain, notre espèce a développé une forme d'activité cognitive quasiment inconnue des autres animaux : la conscience réflexive. Cette conscience réflexive nous permet notamment de nous poser des questions, de nous raconter des histoires, de nous situer dans le temps et de dialoguer. Reflets du passé, anticipations de l'avenir, questions ouvertes, poussées émotionnelles, multiples récits et conversations, signaux directement perçus dans le présent, tout s'entrelace étroitement dans *le réseau virtuel* de la pensée.

Comme celle du réel, notre cartographie du virtuel s'articule en trois pôles, qui redoublent dans la pensée le trinome *être-signe-chose*. Il s'agit …

- du « vouloir » (correspondant à l'être) qui tisse des réseaux d'intentions explorant les possibles,
- du « savoir » (correspondant au signe) qui tisse des réseaux de signes représentant et interprétant le monde, et
- du « pouvoir » (correspondant à la chose) tissant les réseaux de compétences qui s'acquièrent par l'expérience.

Sans *représentations* valides de soi et de son environnement, une action est aveugle. Sans *intentions* cohérentes une action n'a ni but ni forme. Sans *compétences* une action est impuissante. Vouloir, savoir et pouvoir introduisent les *modalités* de la conscience réflexive, sans lesquelles la « toile sémantique » de l'esprit humain et de la culture ne pourrait se déployer, et sans lesquelles – également – la moindre action délibérée un peu complexe serait impossible à accomplir. En redoublant le trinôme être-signe-chose, nous obtenons donc trois nouveaux réseaux, qui viennent complexifier les réseaux réels.

Chacun des six réseaux est lui-même organisé, comme nous l'avons vu plus haut, par une matrice de 90 (9 archétypes + 81 types) sortes de ressources, ce qui donne en tout *540 zones sémantiques* (ou sortes de ressources) toutes représentées par des *idéogrammes dynamiques*. Je répète que ces idéogrammes représentent de larges zones sémantiques *auxquelles peuvent être associés une quantité indéfinie de mots-clés appartenant à des ontologies régionales.*

Le tableau ci-dessous donne à lire la *structure fondamentale* du web sémantique, tel qu'il est décrit par le CIML.

Ontologie du web sémantique	SIGNES (formes)	ETRES (vecteurs)	CHOSES (processeurs)	
Ressources	Représentations mentales	Intentions	Compétences	
Acteurs	Traditions de recherche	Institutions	Professions	
Matrices	Intelligence Formelle Connaissances réflexives. Encyclopédie hypertextuelle des arts et des sciences.	Intelligence Relationnelle Orientation des intentions. Dimensions juridique, politique, morale, religieuse, éducative.	Intelligence pratique Capacités à concevoir, reproduire et perfectionner des ressources réelles	VIRTUEL

Ressources	Operateurs semiotiques	Rôles sociaux	Fonctions techniques	
Acteurs	Messages	Personnes	Equipements	RÉEL
Matrices	Mediasphère	Sociosphère	Technosphère	

Grammaire des actes et grammaire des acteurs dans le CIML

ACTES. Après avoir décrit la façon dont les « noms » idéographiques du langage CIML sont construits, il me faut exposer la manière dont on énonce des « phrases » (ou *assertions*) en combinant ces noms avec des « verbes ». Le principe général d'interconnexion de l'hypertexte nous met sur la voie. Une « phrase » du CIML n'est autre qu'un *mouvement de liaison* d'une zone sémantique vers une autre (d'un idéogramme vers l'autre). Par exemple, un lien de l'idéogramme « Chercheurs » vers l'idéogramme « Faire société » signifie que des êtres dont le rôle social consiste à chercher la vérité ont l'intention de faire bénéficier l'ensemble de la communauté de leurs découvertes.

Les catégories *sémantiques* du CIML sont toutes associées de manière bijective à des catégories de *fonctions*. Les 540 zones sémantiques définissent donc – de manière opératoire – autant de catégories de *facteurs*, ou de ressources actives, du Web sémantique. Cela signifie que tous les liens du web sémantique (c'est-à-dire toutes les assertions du CIML) décrivent et accomplissent des actes, c'est-à-dire des rencontres productrices d'effets entre deux types de ressources dans l'intelligence collective.

Le CIML définit 36 méta-catégories d'actes (les « hyper-verbes » du CIML) répertoriant les grands flux entre les 6 matrices. Par exemple, les *flux d'actes* de la matrice des intentions vers la matrice des connaissances se nomment « Orientation de la recherche et de la création ». Les *flux d'actes* en sens inverse (de la matrice des connaissances vers celle des intentions) se nomment : « problématisation », le rôle des experts étant de poser les problèmes avec le plus de clarté possible pour faciliter le travail de la décision. Le lecteur est invité à inspecter le diagramme des flux ci-dessous pour une identification des 36 *archétypes pratiques*. Le fait que les actes soient tous représentables par une assertion, que les catégories d'actes soient en nombre fini et que ces catégories soient fortement structurées rend possible un « calcul logique » des actes par des moteurs de recherche ainsi que des simulations orientées vers l'aide à la décision. Dans cette perspective, un des plus importants programmes de recherche de la communauté qui entretiendra le CIML consistera à formaliser les opérations effectives accomplies par les 540 catégories de facteurs (ce travail a déjà commencé).

ACTEURS. Les actes sont accomplis par des *acteurs*. Les *racines* d'un acteur localisent dans l'espace sémantique les *origines* des liens (actes, assertions) qu'il envoie à d'autres acteurs. La position des racines d'un acteur définit les ressources dont il peut disposer. Chaque acteur plante ses racines dans une certaine matrice et une seule. Les *fruits* d'un acteur sont les pointes des liens (ou des actes, ou des assertions) qu'il envoie vers d'autres acteurs (d'autres idéogrammes). Les fruits d'un acteur peuvent être localisées dans n'importe quelle zone de l'espace sémantique, ce qui signifie qu'un acteur peut envoyer des liens vers n'importe quel autre acteur, y compris lui-même. Les zones idéographiques visées par un acteur bénéficient des ressources qu'il leur envoie. Le rôle des acteurs est donc de *distribuer à d'autres acteurs un certain type de ressources au moyen d'actes, ou d'assertions*. Grâce au CIML, les acteurs sont capables d'apprendre à utiliser les ressources dont ils disposent pour optimiser l'intelligence collective interdépendante dont ils sont membres. Puisque les actes d'un acteur donné partent d'une seule matrice et puisqu'il existe six matrices, le CIML peut être « parlé » et « compris » par les six genres d'acteurs définis dans la liste qui suit.

-   Les acteurs qui organisent et concentrent les intentions sont les institutions.
-   Les acteurs qui coordonnent les compétences sont les métiers.
-   Les acteurs qui créent et distinguent les représentations mentales sont les traditions de recherches (arts, sciences, etc).
-   Les acteurs qui combinent les rôles sociaux sont évidemment les personnes.
-   Les acteurs qui agencent les opérations sémiotiques sont les messages (archives, documents, monuments, logiciels, programmes, etc.).
-   Finalement, les acteurs qui coordonnent les fonctions techniques sont les équipements physiques (équipements urbains, réseaux d'ordinateurs…).

Que tous ces acteurs parlent le même langage semble une condition *sine qua non* au saut d'intelligence collective que réclament les nouvelles conditions de la vie en société et que permettent désormais la puissance de nos outils. Les acteurs et leurs actes tissent ensemble le Web Sémantique : un miroir de l'intelligence collective que la communauté CIML s'efforcera de rendre toujours plus clair et pertinent en perfectionnant son langage.

Diagramme des flux entre les 6 matrices du web sémantique

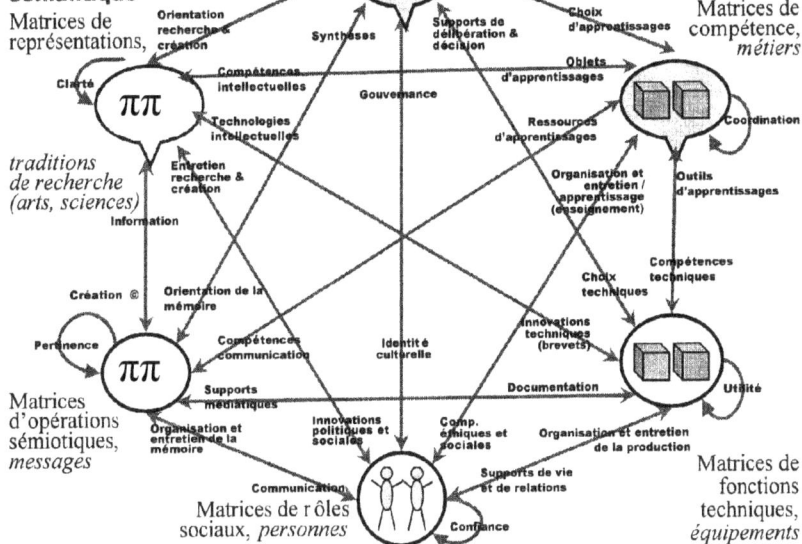

Matrices de représentations,

traditions de recherche (arts, sciences)

Matrices d'opérations sémiotiques, *messages*

Matrices d'intentions, *institutions*

Matrices de compétence, *métiers*

Matrices de fonctions techniques, *équipements*

Matrices de rôles sociaux, *personnes*

Vision · Problématisation · Compétences en leadership · Orientation recherche & création · Synthèses · Supports de délibération & décision · Choix d'apprentissages · Compétences intellectuelles · Gouvernance · Objets d'apprentissages · Clarté · Technologies intellectuelles · Ressources d'apprentissages · Coordination · Entretien recherche & création · Organisation et entretien / apprentissage (enseignement) · Outils d'apprentissages · Information · Compétences techniques · Création @ · Orientation de la mémoire · Choix techniques · Pertinence · Compétences communication · Identité culturelle · Innovations techniques (brevets) · Supports médiatiques · Documentation · Utilité · Organisation et entretien de la mémoire · Innovations politiques et sociales · Comp. éthiques et sociales · Organisation et entretien de la production · Communication · Supports de vie et de relations · Matrices de rôles sociaux · Confiance

Tel qu'il est présenté dans ce projet, le web sémantique est *fractal*, ce qui signifie que toutes ses parties auront essentiellement la même structure fondamentale, quelle que soit la taille de la quantité d'information synthétisée, organisée et visualisée. Chacune des « parcelles d'intelligence collective » comportera une partie *réflexive* (la matrice des représentations), qui fournira les 9 images suivantes…

- les six images des matrices de la parcelle en question, chacune séparément,
- l'image de leurs relations mutuelles,
- l'image des relations de la parcelle avec ses voisines,
- l'image de sa position dans l'environnement global du web sémantique.

Economie du web sémantique

Du fait de l'indexation par le CIML des principales ressources d'information et bases de données publiques disponibles sur le web, les agents logiciels seront capables de « lire » l'hypertexte écrit par les humains. Le Web Sémantique est précisément conçu afin de permettre aux personnes et aux ordinateurs de parler la même langue: c'est un langage informatique manié par des humains, mais tout autant une idéographie humaine maniée par les ordinateurs. Comme on l'aura compris, les *liens* ont une importance toute particulière dans le CIML, puisqu'ils en sont les assertions élémentaires. Un grand nombre d'actes, d'opérations ou de relations détectables par les agents logiciels du Web Sémantique pourraient donc être automatiquement traduits en assertions du CIML, faisant ainsi apparaître des circuits, des rythmes, des régularités : activations d'hyperliens au cours de navigations, flux de messages électroniques, volumes de transactions financières, proximités de sens calculées par des logiciels d'extraction de réseaux sémantiques, etc. Le codage permis par le CIML permettra de mesurer la circulation des flux de ressources entre les zones sémantiques (entre les idéogrammes) et de visualiser leurs proportions respectives *à toutes les échelles* du Web sémantique.

La communauté CIML cherchera à tester empiriquement l'hypothèse selon laquelle une certaine forme de « santé » de l'intelligence collective est liée à un *équilibre dynamique* de ces flux, et cela quelle que soit l'échelle que l'on considère (base de donnée, communauté, entreprise, ville, pays, etc.). Afin de tester cette hypothèse il sera possible de calculer automatiquement les « indices de santé » des six matrices fondamentales d'un web sémantique. Pour ce faire, on prendra en compte des facteurs tels que la connectivité (nombre de liens), la densité (nombre de liens sur nombre de nœuds), la variété (*largeur* de la distribution des nœuds et des liens sur les zones sémantiques), la fréquence d'activation des liens, la stabilité, ainsi que d'autres facteurs liés à structure et à la dynamique des réseaux. Les indices de santé des matrices donnent la formule des six « capitaux » de l'économie du web sémantique :

-   le capital technique évalue *l'utilité* des équipements.
-   Le capital social mesure la *confiance* entre les personnes.
-   Le capital culturel fournit un indice de la *pertinence* du réseau de messages.
-   le capital de connaissances évalue la *clarté* faite sur la situation en cours.
-   Le capital institutionnel (santé des institutions) évalue la *cohésion* morale, politique et sociale.
-   Le capital de compétences, évalue le *savoir-faire professionnel* d'une communauté.

Dans l'économie de la connaissance qui peut être fondée sur le CIML, le Capital d'intelligence collective d'un Web Sémantique (quelle que soit l'échelle considérée) est égal à la somme des six capitaux de matrice. Ce cadre étant fixé, *l'intelligence collective* peut être définie comme la variation (positive ou négative) du capital d'intelligence collective par unité de temps et le *travail* comme le rapport entre le capital et sa variation. Des variables comme la *créativité* (travail par personne) et bien d'autres pourraient ainsi être calculées automatiquement. Cette nouvelle économie pourra exploiter les immenses ressources informationnelles disponibles sur le web, des ressources aujourd'hui dispersées et sans usage optimal, faute de coordination sémantique.

Olivier Blondeau, Institut d'Etudes Politiques de Paris

« Become The Media ! » Du Post-Media au Mediascape

La rencontre entre Internet et le journalisme suscite, en France comme ailleurs, de nombreuses interrogations. Une grande partie des journalistes français – y compris les plus critiques à l'égard des médias de masse – a été, notamment, très marquée par l'affaire Clinton-Lewinsky aux Etats-Unis. On se rappelle en effet de la publication sur Internet du rapport du procureur Kenneth Starr en septembre 1998 avant même que le Congrès n'ait pu en prendre connaissance. Cet épisode est, aujourd'hui encore, souvent cité pour souligner les risques dont sont porteurs les « médias électroniques ». Un journaliste français assez connu, avec qui j'intervenais récemment dans un débat, rappelait cette affaire en disant que les lettres anonymes avaient toujours existé... Balayant d'un revers de la main toute la réflexion portée aujourd'hui par les médias alternatifs, il considérait qu'à ce titre, Internet n'était pas pour lui un phénomène nouveau mais le prolongement d'un processus interrogeant le régime de production de l'information.

Le malaise de la presse face à l'émergence de nouveaux médias

Cette inquiétude est révélatrice d'un malaise profond du monde du journalisme à l'égard d'Internet et des nouveaux médias en général. Au moment déjà de l'apparition du Minitel en France, la presse et les journalistes s'étaient déchaînés contre l'apparition d'un support qui risquait de déstabiliser toute une profession. C'est sur fond de profondes angoisses individuelles que s'érige aujourd'hui le système de défense de la presse.

Si l'on suit les travaux du sociologue Cyril Lemieux, spécialiste de la presse et des médias, on peut se demander si cette crise n'est pas structurelle ? Une crise de ce type avait en effet déjà eu lieu à la fin du XIXe siècle dans le cadre de ce que l'on a appelé la « crise de la modernité organisée ». Ce moment correspond à l'effort de professionnalisation des journalistes face au développement de la presse populaire de l'époque. C'est toujours face à cette poussée sociale d'agents, souvent issus des classes populaires, qui s'arrogent le droit à « devenir leur propre média[1] », comme le montrent notamment les travaux de

---

[1] Voir le livre de Dan Gillmor, *We the Media. Grassroots Journalism by People, for People*, O'Reilly Media, 2004.

l'historienne Arlette Farge sur l'espace public populaire au XVIIIe siècle[2], qu'apparaît l'argument de vérité comme fondement d'une légitimité professionnelle. En d'autres termes, les journalistes se revendiquent comme des professionnels de la vérité.

On pourrait interpréter l'ensemble des revendications portées par les journalistes, celle de l'éthique, de la validation ou de l'audience comme autant de formes de replis catégoriels face à l'émergence d'agents hétérogènes –individuels ou collectifs – qui anticipent, lorsqu'ils produisent ou diffusent de l'information, les conséquences de leurs actions.

Cette revendication à incarner la vérité est fortement contestée par le philosophe Félix Guattari qui affirme qu'elle relève de l'absurdité la plus totale. Pour lui, la vérité n'existe pas en soi. Elle ne peut être qu'un horizon. Elle est constamment prise dans un aller et retour entre des éléments d'objectivité et des éléments de subjectivité. Elle passe toujours, dit-il, par des détours, des mises en question, par toute une dialectique qui va de la complexité au chaos. Contre cette prétention, Guattari propose de concevoir la profession de journaliste comme une pratique qui consiste à mettre en scène, à créer les conditions d'émergence, non pas d'une information véridique en soi, réifiée et transcendante, mais d'une expression singulière qui aurait la vérité pour horizon. La question que pose ici Guattari, dans le sillage sans doute des travaux de Michel Foucault, est moins celle de la vérité que celle du régime de vérité que sous-tend la pratique journalistique. Le problème de la vérité, dit Foucault, relève moins des choses vraies qu'il y a à découvrir ou à faire accepter que de l'ensemble des règles selon lesquelles on partage le vrai du faux[3].

Dans ces conditions, la question est moins de savoir s'il y avait ou non des armes chimiques en Irak que de s'interroger sur les fondements de ces énoncés, largement diffusés dans la presse écrite et audiovisuelle. Cet énoncé était vrai. Non pas parce que les faits étaient avérés, mais parce qu'il répondait, en tous points, aux règles que se sont donnés les journalistes pour produire de l'information : celle de la validation (puisque le gouvernement et les experts le disent, l'information est crédible) et celle de l'audience (puisque les gens l'acceptent, elle est vraie d'un point de vue démocratique).

Le « tournant vidéo de l'Internet militant » : vers une déstabilisation du régime de vérité des médias traditionnels ?

L'arrivée des nouveaux médias – et pas seulement d'Internet mais aussi des radios pirates, des télévisions communautaires, du minitel, de la vidéo, … – constitue, de notre point de vue un élément profondément déstabilisateur pour

---

[2]   Arlette Farge, *Dire et mal dire. L'opinion publique au XVIIIe siècle*, Paris, Editions du Seuil, 1992.

[3]   Michel Foucault, « La fonction politique de l'intellectuel », in *Dits et Ecrits II, 1976-1988*, Editions Gallimard, Paris, 2001, p. 114.

le journalisme traditionnel, qui repose, une fois encore et dans des proportions jamais égalées, la question de l'existence d'un espace public populaire tel que le définissait Arlette Farge contre Habermas ou, pour être plus précis, d'*arènes publiques digitalisées* comme le propose Laurence Allard[4]. Ces arènes constitue-raient des espaces de configuration narrative (mise en récit) et dramaturgique (mise en scène) de la parole publique, s'articulant les uns aux autres par le réseau. Ces arènes publiques définiraient alors Internet non pas seulement comme un moyen, un outil technique, mais aussi comme un objet d'engage-ment public. De telles formes, profondément réticulaires, sinon rhizomatiques, d'espaces publics multiples visent à faire émerger les enjeux tant subjectifs que politiques, moins dans des vérités objectives, que dans des trames plus ou moins serrées de pertinence et de vraisemblance[5].

Ces « nouveaux médias » ne s'inscrivent dès lors pas uniquement dans une démarche contre-hégémonique de critique des procédures journalistiques, mais tentent d'en dépasser les contradictions pour produire une nouvelle politique de la vérité. Il s'agit moins, dans les médias alternatifs, de critiquer les contenus idéologiques dont sont porteurs les médias ou d'élaborer une contre-idéologie à prétention, elle aussi, universelle que d'expérimenter de nouveaux circuits de communication, de nouvelles formes de collaboration sociale et de nouveaux modes d'interaction. Il ne s'agit pas de convaincre, de changer la conscience des gens, de « remporter la lutte dans les cœurs et les esprits » comme on pouvait l'entendre jusqu'à présent, mais de créer des cœurs et des esprits neufs capables non seulement de produire, mais aussi de négocier leurs propres régimes de vérité.

C'est à ce titre que les médias alternatifs sur Internet, enchâssés dans un véritable « devenir mineur » sont tout à la fois très inoffensifs pour les journalistes traditionnels (ils font défection) et très dangereux puisqu'ils interrogent les fondements même de la fonction journalistique.

Pour étayer cette hypothèse, prenons l'exemple de ce que j'appelle le « tournant vidéo de l'Internet militant ». Je travaille, depuis bientôt dix, sur le mouvement anti-globalisation et sur les mobilisations politiques sur Internet. On peut aujourd'hui constater un développement exponentiel de la diffusion de vidéos militantes sur Internet. Actuellement, ce corpus de travail se com-pose d'environ 2000 vidéos françaises, américaines, brésiliennes, argentines, italiennes, tchèques, …La campagne électorale américaine de 2004 a probable-ment marqué une étape décisive dans ce mouvement de production et de diffusion de vidéos militantes sur Internet même si l'usage de la vidéo, lié à la tradition des télévisions communautaires dans le mouvement anti-globalisa-tion, est attesté depuis ses origines. Nous pouvons citer ici la campagne

---

4   Laurence Allard, « Développer l'audiovisuel numérique dans le style bazar. Collectifs en ligne et arènes publiques digitalisées », in *Les Sens du public. Publics politiques, publics médiatiques*, sous la dir. de Dominique Pasquier et Daniel Céfai, Paris, PUF, 2003.

5   Daniel Cefaï, « *La Construction des problèmes publics. Définition de situation dans les arènes publiques* », in *Réseaux*, n°75, janvier-février 1996 (http://www.enssib.fr/autres-sites/reseaux-cnet/75/02-cefai.pdf).

MoveOn[6] qui, à elle seule, est à l'origine de la production et de la diffusion de plus de 1500 clips contre la réélection de Georges Bush. Au-delà de *MoveOn*, ces vidéos proviennent pour l'essentiel de groupes d'activistes vidéo comme *Indymédia*[7] bien sûr, mais aussi de *Guerrilla News Network*[8], de *New Global Vision*[9] en Italie ou de *Video_base* en France pour ne citer que ces quelques exemples. On peut les trouver non seulement sur des sites web d'activistes ou sur des portails spécifiques, mais aussi, et, de plus en plus, sur les réseaux P2P.

L'intérêt du P2P pour les activistes est indéniable : en n'étant pas obligé de stocker des films lourds sur leurs serveurs, ils réalisent des économies indéniables en termes de stockage et de bande passante. Le recours au P2P leur permet par ailleurs d'éviter les déboires du réseau *Indymédia* dont le serveur a été saisi par la police au mois de septembre 2004. Si les films sont dispersés sur les ordinateurs des utilisateurs et pas sur des serveurs centralisés, il s'avère en effet beaucoup plus problématique, sinon impossible, de les saisir tous et d'arrêter ainsi leur diffusion et leur prolifération.

Autre phénomène intéressant à constater : celui des licences juridiques et du régime de propriété sous lequel ces films sont déposés. Pour l'essentiel d'entre eux, en effet, ces films sont déposés sous une licence de type *creative commons*[10] ; licence inspirée du mouvement du logiciel libre, qui garantit à la fois la protection des droits d'auteur d'une œuvre et la liberté de circulation de son contenu culturel. Ces films peuvent donc circuler librement sur le réseau ou dans la réalité, mais peuvent aussi – et c'est là un phénomène très important-être modifiés ou réutilisés à d'autres fins par d'autres activistes vidéos.

Post-média et réagencement d'énonciation

Cette conjonction entre un réseau télématique et un régime de propriété, garantissant à la fois les droits de l'auteur et ceux du spectateur – qui peut même devenir lui-même producteur d'information en réutilisant des séquences déjà diffusées – est d'un certain point de vue inédite et produit des effets particulièrement intéressants du point de vue médiatique.

La production, le montage et la diffusion d'un film devenant de moins en moins chers, l'ensemble de la production audiovisuelle mondiale change radicalement de statut : de forme unique imposant un discours à prétention universelle, l'information devient un simple matériau permettant, potentiellement à chacun, de produire son propre agencement d'énonciation. Le spectateur n'est plus alors une victime, simple récepteur des mass medias perçus comme manipulateurs, mais lui-même producteur d'information. Fondateur de la première coopérative de cinéastes *underground* américains, Jonas Mekas aussi,

---

6   http://www.moveon.org et http//www.bi30archive.org.
7   http://www.indymedia.org.
8   http://www.gnn.tv.
9   http://www.ngvision.org.
10   Le site de la Licence *Creative Commons* : http://creativecommons.org.

préfigurait ce mouvement de réappropriation des images, lorsqu'il disait en 1972 : « Je gage que l'entière production hollywoodienne des quatre-vingts dernières années pourra devenir un simple matériau pour de futurs artistes »[11]. Plus proche de nous, mais tout aussi prophétique, Félix Guattari annonçait, grâce à la jonction entre télévision, télématique et informatique, l'avènement d'une nouvelle subjectivité qui s'appuierait sur le réagencement d'images perçues ou reçues ; images puisées dans un nombre infini de banques d'images, de sons ou de données cognitives.

Ces formes de réagencement d'énonciation fondées, non sur la prétention à la vérité mais sur une politique de la subjectivité annonce, toujours selon Guattari, l'avènement d'une ère post-média[12]. Pour lui, la digitalisation de l'« image-télé », couplée à l'émergence de réseaux télématiques de circulation de l'information jouera un rôle prépondérant non seulement dans le remodelage de la mémoire, de l'intelligence, de la sensibilité et des univers perceptifs des sociétés humaines, mais occupera une place prépondérante dans la production de la subjectivité elle-même. Contrairement aux médias traditionnels qui, disait-il « nous font décoller dans un univers mass médiatique proprement délirant », l'usage interactif de ces nouveaux médias, de ces machines d'information, de communication, d'intelligence, d'art et de culture, permettra une réappropria-tion, tout à la fois individuelle et collective, de la parole sociale, culturelle et politique.

L'exemple le plus évident de ces formes de réagencement d'énon-ciation, annonciatrices d'une nouvelle politique de la subjectivité et d'un renversement du régime de vérité médiatique, s'illustre dans le recours, quasi systématique dans ces vidéos militantes, au *found-footage*. Le *found-footage* est un procédé de langage utilisé depuis longtemps dans le cinéma d'avant-garde : Fernand Léger en avait déjà fait une esquisse de théorisation en 1924 dans ses notes préparatoires pour le *Ballet mécanique* de 1924.

Ce procédé consiste à sortir des images ou des séquences, à les auto-nomiser, pour les extraire de leur contexte d'énonciation initial à travers une intervention sur le montage ou sur l'image elle-même. Plusieurs techniques différentes sont mobilisées dans le *found-footage* :

> - Celle de l'anamnèse qui consiste à rassembler des images d'une même nature de façon à leur faire signifier, non pas autre chose que ce qu'elles disent, mais exactement ce qu'elles montrent et que l'on ne veut pas voir,
> - Celle du détournement qui laisse le film d'origine intact et se sert des dialogues pour lui conférer un sens qu'il n'a pas,
> - Celle de la variation et de l'épuisement qui consiste à se concentrer sur un seul objet filmique en se consacrant à le faire varier, voire à en

---

[11] Mekas, Jonas, « On *Tom, Tom* and Film Translation », in *Movie Journal*, Collier book, New York, 1972.

[12] Guattari, Félix, « Vers une ère post-média », in *Terminal*, n° 51, octobre-novembre 1990 http://biblioweb.samizdat.net/article26.html.

épuiser les potentialités par l'introduction de paramètres plastiques, qu'ils soient visuels ou sonores.

La rencontre entre Internet et le *found footage* du cinéma expérimental n'est ni le fruit du hasard ni celui d'une intentionnalité esthétisante. On peut même affirmer, qu'à travers la métaphore du « copier/coller », Internet est en lui-même un ensemble de ressources hypermédia, c'est-à-dire liées entre elles et qui procède déjà par agrégation et réagencement.

Difficile de vous montrer, dans le cadre d'un article, cette production assez foisonnante et réalisées avec beaucoup de virtuosité par les vidéo-activistes autour du *found-footage*. Soulignons simplement que l'ensemble de la production médiatique et média-activiste est mobilisé dans ces films : des images de charges policières à Seattle en 1999 aux émissions de CNN, en passant par des grandes productions hollywoodiennes, des dessins animés, des films de propagandes ou des publicités.

Le « médiascape » militant : un devenir commun des luttes à l'échelon mondial ?

Lorsque l'on pratique avec assiduité ces vidéos, on s'aperçoit très vite que ces films ne se renferment pas sur eux-mêmes dans une conception étroite de la subjectivité mais sont autant de *dispositifs machiniques* autorisant une maîtrise « des agencements collectifs de subjectivité ». Il n'y a pas, comme l'affirment beaucoup d'analystes politiques, d'éclatement, de dispersion des luttes mais au contraire une tension vers ce que l'on pourrait appeler un « devenir-commun », comme le disent Toni Negri et Michael Hardt, c'est-à-dire une « forme politique » qui réussisse à concilier à la fois la dimension individuelle ou minoritaire et la dimension collective[13]. Du devenir minoritaire au devenir commun en quelque sorte ou des médias communautaires aux médias alternatifs.

Pour beaucoup d'entre-elles, en effet, ces vidéos se citent, se renvoient constamment les unes aux autres. Telle séquence, filmée par Indymédia-Argentine dans les rues de Buenos-Aires, que l'on peut télécharger sur le site de la fédération anarchiste de Tchécoslovaquie, se retrouve dans le film *The Fourth World War* du collectif de vidéastes américain Big Noise Tactical. Ce film, initialement réalisé en anglais, est traduit en français grâce à un procédé technique très simple par Indymédia-Marseille ... C'est ainsi que certaines séquences font, à de maintes reprises, le tour du monde : celle montrant l'assassinat de l'activiste italien Carlos Giulliani à Gênes, celle d'un activiste entartant une journaliste de Fox News, celle d'un groupe de manifestants réussissant à passer un cordon de policiers dans les rues de San Francisco, pour ne citer que ces exemples les plus connus.

---

13   Michael Hardt, Negri, Antonio, *Multitude. Guerre et démocratie à l'âge de l'empire*, Paris, La Découverte, trad. fr., 2004.

Le concept de « médiascape », développé par Arjun Appadurai, est, de mon point de vue, le plus opérationnel pour rendre compte de ce phénomène[14]. Analysant l'expérience migratoire et la prolifération de groupes déterritorialisés et diasporiques, Appadurai montre que ce double phénomène, que recouvre à la fois la globalisation des flux migratoires et le développement des médias électroniques, rend possible aujourd'hui de nouveaux déploiements de l'imaginaire qui vont à l'encontre d'une conception substantialiste de la culture et de la politique. Les flux, de personnes ou d'information, sont pour lui une des dimensions qui caractérise le monde contemporain, déstabilisant l'isomorphisme traditionnel entre peuple, territoire et souveraineté. Cette notion de médiascape recouvre à la fois la production et la dissémination de l'information par des moyens électroniques et les images du monde créées par ces médias. Le plus important, affirme Appadurai, est que les médiascapes fournissent – en particulier sous leurs formes audio-visuelles – à des spectateurs disséminés sur toute la planète de larges et complexes répertoires d'images et de récits. Quelle que soit la manière dont ils sont produits, ces médiascapes tendent à être des miroirs fondés sur l'image ou le récit de fragments de réalité permettant d'échapper à (et surtout de resignifier) la sur-stimulation informationnelle inhérente au capitalisme globalisé. Ils offrent à ceux qui les perçoivent et les transforment, dans ce bricolage de l'imaginaire collectif, une série d'éléments (personnages, actions et formes textuelles) d'où peuvent être tirés des scénarios de vies imaginées et/ou de luttes collectives à l'échelon global. Ces scénarios imaginaires, visiblement désagrégés et épars, permettent de reconstituer le récit de l'Autre et d'imaginer un autre possible. Le médiascape militant se substitue aujourd'hui aux figures isomorphiques de l'engagement, devenues anachroniques et ne résistant pas à l'éclatement des cadres sociaux, politiques et culturels traditionnels. L'imagination politique devient dès lors un flux ininterrompu de formes expressives complexes qui, se jouant des catégories ou représentation politiques traditionnelles, conçoit le récit, l'image, la dramaturgie, comme un simple matériau primaire, – un *stock shoot* pour reprendre une expression venue du cinéma - permettant d'interroger et de construire ses propres représentations, conçues non plus comme héritage mais comme pratique sociale authentiquement expressive.

Une diaspora en devenir ?

On peut, dans ces conditions, parler de véritables « diasporas de publics » qui tendent à resignifier la perception qu'elles ont du monde dans un contexte de globalisation.

L'horizon de la pratique militante, inscrite dans une dynamique culturelle de déterritorialisation et de flux transnationaux, n'est plus seulement l'ad-

---

[14]   Arjun Appadurai, *Après le colonialisme. Les conséquences culturelles de la globalisation*, Paris, Payot, trad. fr., 2001.

hésion, la manifestation de rue et la distribution de tracts, mais aussi la perfor-
mance (l'*outing* d'*Act-Up*), l'action directe, la désobéissance civile ou le
nomisme, issus de l'apport notamment de *Queer Nation* aux Etats-Unis ou de
Reclaim the Street en Angleterre.

En décrivant les « marchés gris » de Bombay, Appadurai nous fournit
une très belle métaphore pour expliciter le rôle d'Internet, comme médiascape
militant conçu comme une diaspora en devenir[15]. Le marché gris de Bombay
est un marché aux voleurs sur lequel sont recelées des marchandises venant des
pays arabes. Massivement installées dans les pays arabes, la diaspora indienne,
lorsqu'elle revient en Inde, rapporte de l'argent et des produits de luxe. Ces
produits sont parfois volés dans les aéroports ou dans les ports maritimes pour
être ensuite revendus sur ces « marché aux voleurs ». Le marché gris de
Bombay est un des lieux de construction du goût des consommateurs de ces
villes : certains membres des classes moyennes de Bombay y viennent en effet
acheter des produits occidentaux des cigarettes aux cassettes de musique. Ce
petit trafic donne lieu à la mise en place de réseaux d'approvisionnement en
biens de consommation étrangers, appelés « routes grises ». Pour alimenter ces
marchés, certaines personnes, plus mobiles que les autres (marins, hôtesses de
l'air, diplomates) sont sollicités. La métaphore du marché gris, comme espace
de construction du goût dans une configuration diasporique est assez proche
de ce médiascape militant. Immense foire aux biens de production et aux
identités, ces marchés, comme cet Internet militant, sont des lieux qui permettent d'extraire des images, des pratiques de leur aire géographique, culturelle et
politique initiale pour les mettre à disposition de tous sur un « marché » des
identités et des pratiques politiques et permettre ainsi de créer, à l'instar du
goût, des représentations collectives.

Monter aux arbres avec les eco-warriors anglais, manifester dans les
rues de Seattle ou de Gênes avec les black-blocs, occuper une usine à Buenos
Aires, ou un centre social avec un autonome italien ou lutter contre le Sida
avec les Brésiliens, les Sud-africains ou les Indiens, nous sommes là bien loin
de cette prétention à la vérité dont est porteur le métier de journaliste. On
parle beaucoup en sciences politiques de « répertoire d'action collective » dans
le sillage des travaux de Charles Tilly.

« Don't hate the media, become the media » scandait le chanteur punk
Jello Biafra. L'issue des médias alternatifs ne se pose certainement pas en ces
termes : si répertoire il devait y avoir, ce serait un répertoire de désir, d'imagination, de créativité et de résistances qui s'inscrit tout entier dans ce médiascape militant, dans cet assemblage complexe et chaotique de fragments de
luttes à l'échelon mondial. Et donc, il s'agit bien de « créer des cœurs et des
esprits neufs » en capacité d'élaborer ensemble leurs propres régimes de vérité
fondée non plus sur des valeurs universelles mais sur une tension vers un
« devenir commun ».

---

[15]   Arjun Appadurai, *Après le colonialisme*, p. 91.

Régis Debray et la médiologie en Amérique

Wayne Woodward, University of Michigan at Dearborn

DIALOGUE TRANSATLANTIQUE : HAROLD INNIS, JAMES CAREY ET LE PROJET MEDIOLOGIQUE[1]

La méthode d'investigation intellectuelle que Régis Debray appelle médiologie trouve outre-Atlantique, et ce malgré son caractère quelque peu hétérodoxe, des interlocuteurs dans les domaines des sciences de la communication et étude des médias. Cet essai tentera d'explorer quelques-unes des possibles connexions entre médiologie et « media studies » américaines en initiant un dialogue entre Régis Debray et le chercheur américain James Carey, lequel se situe dans une tradition d'études nord-américaines fondée sur les travaux du Canadien Harold Innis. Ensuite, je ferai appel aux récents travaux de Gregory Ulmer qui pourraient bien constituer une piste pour de futurs développements méthodologiques du projet médiologique.

Innis fait figure de pionnier dans ce qu'on pourrait officiellement appeler une « école » de chercheurs nord-américains en « media studies », jouant un rôle comparable à celui d'André Leroi-Gourhan pour Debray et sa médiologie. Imaginant le moment futur d'une médiologie qui serait « par hypothèse aboutie – à cent lieues de notre bricolage »[2] , Debray affirme que sa pratique devrait encore et toujours s'inspirer de Leroi-Gourhan, de ce « solitaire » qui apporte l'instruction « la plus séminale … avec patience et méticulosité » dans la manière de « ressouder les conquêtes symboliques aux conquêtes techniques »[3]. Bien que saluant au passage l'héritage nord-américain, Debray écarte finalement la possibilité d'une influence des travaux de Marshall McLuhan égale à celle de Leroi-Gourhan pour sa médiologie. Accordant la meilleure des places à Leroi-Gourhan, il donne ensuite priorité, en second, à un autre Européen, Walter Benjamin, comme « créancier pour nous plus privilégié que le Canadien »[4].

Si Debray néglige également le Canadien Harold Innis comme autre influence primordiale, tel n'est pas le cas de James W. Carey, comme en témoigne notamment son livre *Communication As Culture*[5]. Tout en reconnaissant le « opaque and elliptical character » des écrits d'Innis, Carey qualifie néanmoins la recherche de son prédécesseur comme « the great achievement in

---

[1] « North American voices speak to mediology : Harold Innis, James Carey and the mediological project ». Traduction de Stéphane Spoiden
[2] Régis Debray, *Transmettre*, Paris, Odile Jacob, 1997, p. 119.
[3] *Ibid.*, p. 120.
[4] *Ibid.*
[5] James W. Carey. *Communication as Culture*, Boston, Unwin Hyman, 1989.

communications on this continent »[6]. Reprenant l'approche adoptée par Innis,
et tout en en raffinant certains aspects, Carey développe la notion de « communication comme culture » de façon à remettre en question les fondements de la
recherche empirique américaine de la même manière que Debray a critiqué en
France la tradition sémiologique et les « media studies ». Aussi bien pour Carey
que pour Debray, s'inspirer des pratiques pionnières, d'Innis et Leroi-Gourhan
respectivement, dans le développement de leurs propres approches critiques
leur est apparu pour le moins fructueux. A ce parallèle transatlantique que l'on
va développer plus loin, ajoutons, comme déjà mentionné, que Gregory Ulmer
pourrait bien apporter des voies nouvelles pour le développement de l'enquête
médio- et média-logique considérée ici.

La notion de « partialité » d'Innis, comme dimension constitutive du
développement du travail intellectuel sur les médias, fournit à la fois un thème
unifiant et un point de départ[7]. Une insistance similaire sur cette notion est
discernable dans l'œuvre de Leroi-Gourhan, bien que le Français utilise un
langage différent de celui d'Innis, quand il traite du préjugé ou de la partialité
intellectuelle à propos de la prédominance du « mythe de l'ancêtre-singe » dans
la pensée paléontologique traditionnelle d'avant les années 60[8]. Quant à Carey
et Debray, leurs travaux visent à remettre en question les pratiques établies de
leur propre époque et, en particulier, de la culture universitaire : l'empirisme
dans le cas de Carey, la sémiologie et les « media studies » pour Debray. Assez
curieusement dans cette double mise en parallèle, Carey se pose en grand
défenseur de la communication par rapport à la notion de transmission qu'il
considère comme plus étroite ; alors que Debray tente d'établir la prééminence
de la transmission, notion qu'il estime plus compréhensive et culturellement
plus significative que la communication qu'il conceptualise comme un événement ou un acte momentané et simplement connectif dans le temps et dans
l'espace. Les modèles spécifiques proposés par Carey visent à réactiver
l'approche d'Innis dans le but de s'attaquer à l'analyse de sujets historiques
avec le plus grand détail interprétatif. De son côté, Debray, avec sa méthode
qu'il qualifie lui-même de bricolage, s'attache principalement à mettre en place
les fondements d'une potentielle future discipline.

Par ailleurs, ces deux approches lancent des défis méthodologiques qui
suscitent la création de voies nouvelles, sinon alternatives, dans le domaine de
la recherche intellectuelle mais aussi en pédagogie. C'est ici que l'on fera appel
à la contribution de Gregory Ulmer[9]. Son approche média-« paralogique »[10]
remet en question aussi bien la théorie des médias d'origine nord-américaine

---

[6]   *Ibid.*, p. 142.
[7]   *Cf.* Harold Adams Innis, *The Bias of Communication*, Toronto, University of Toronto Press,
       1951 et *Empire and Communications*, Victoria/Toronto, Press Porcépic, 1986.
[8]   André Leroi-Gourhan, *Le Geste et la parole* (2 volumes), Paris, Albin Michel, 1964, p. I-9-
       39.
[9]   *Cf.* Gregory Ulmer, *Teletheory*, New York, Routledge, 1989 ; *Heuretics*, Baltimore, Johns
       Hopkins University Press, 1994 ; et *Internet Invention*, New York, Longman, 2003.
[10]   *Cf.* Jean-François Lyotard, *La Condition postmoderne. Rapport sur le savoir*, Paris, Minuit, 1979.

que la médiologie européenne en procédant plus audacieusement vers une contre-pratique média, tout particulièrement dans le domaine de la pédagogie.

Voix et regards de pionniers : Innis et Leroi-Gourhan

Innis et Leroi-Gourhan ont tous deux entamé leur réflexion par un ensemble délimité de questions qui portaient sur les interrelations entre les formes matérielles et symboliques et ont par la suite élaboré des grandes théories sur le progrès et les transformations durables des civilisations. Innis mentionne leur inclinaison commune pour des projets historiques de grande, et salutaire, envergure quand il cite avec approbation un historien nommé Morley de la fin du dix-neuvième siècle qui affirmait que l'histoire « 'threatens to degenerate from a broad survey of great periods and movements of human society into vast and countless accumulations of insignificant facts, sterile knowledge, and frivolous antiquarianism' »[11]. L'avertissement lancé ici par Innis était pour l'historien de « emphasize the role of time or the attitude towards time in periods which he attempts to study », de façon à « escape from antiquarianism, from present-mindedness, and from the bogeys of stagnation and maturity »[12]. Ce principe a guidé Innis dans son effort de comprendre « the role communication systems have played in extending the power of 'empires' » comme faisant partie d'un procédé par lequel les « media alter the forms of social organization, create new patterns of association, develop new forms of knowledge and often shift the centers of power »[13].

Le point de départ personnel de ces réflexions est à chercher dans l'identité canadienne d'Innis, ainsi que dans certaines expériences formatives de marginalité socio-culturelle qui l'on conduit à se demander « how centralized power works to create marginal groups »[14]. Innis conclut finalement que les technologies sont fondamentales aux formes de stabilité et de changement qui sous-tendent la tension entre le centre et la marge ; et que les technologies de la communication, comme extension de notre esprit, sont particulièrement importantes. Cette thèse, combinée à sa préoccupation récurrente pour les dynamiques entre pouvoir centralisé et procédés de marginalisation, l'ont amené à mettre en contact histoire du pouvoir et « histories of consciousness »[15]. Sa vocation initiale d'économiste l'a également poussé à établir un lien

---

[11] *The Bias of Communication*, p. 61.
[12] *Ibid.*, p. 62.
[13] William H. Melody, « Introduction », in William H. Melody, Liora Salter et Paul Heyer, eds., *Culture, Communication and Dependency : The Tradition of H.A. Innis*, Norwood, NJ, Ablex Publishing Corporation, 1981, p. 5.
[14] Judith Stamps, *Unthinking modernity*, Montréal et Kingston, McGill-Queen's University Press, 1995, p. 43-45 (44).
[15] *Ibid.*, p. 47.

qui passerait « analytically from economic and geographical empires to empires of the mind »[16].

La réflexion d'Innis sur la conscience était liée à sa compréhension des « forms of social organization », ainsi que de toutes « kinds of human associations »[17]. D'après Carey, l'insistance sur ces liens différencie la position théorique et méthodologique d'Innis de celle de McLuhan[18], dont les points de vue largement popularisés considéraient la signification de la technologie communicationnelle et des médias principalement en rapport à leur impact sur les « sensory organization and thought »[19]. La vue d'ensemble d'Innis tenait pour acquis que les « patterns of association are not independent of the knowledge men have of themselves and others – indeed, consciousness is built on these associations – [thus] control of communications implies control of both consciousness and social organization »[20].

A la lumière de cette analyse proposée par Carey, on comprend mieux pourquoi la notion de partialité a pris une telle importance dans l'œuvre d'Innis. La vertu analytique de ce concept consistait à faire comprendre comment tout « medium of communication has an important influence on the dissemination of knowledge over space and over time and it becomes necessary to study its characteristics in order to appraise its influence in its cultural setting »[21]. Pour quiconque prenait la peine d'apprendre comment la déceler, la partialité devenait observable dans « the character of the media used by each civilization in so far as it is capable of being preserved or of being made accessible by discovery as in the case of the results of archaeological expeditions »[22]. Si la notion de partialité ouvrait de nouvelles possibilités à la compréhension de l'importance des médias dans la société, elle alertait également le chercheur à la nécessité d'une réflexivité, puisque les médias s'adaptaient, et s'adaptent toujours, à la préservation matérielle.

> Writing on clay and on stone has been preserved more effectively than that on papyrus. Since durable commodities emphasize time and continuity, studies of civilization such as Toynbee's tend to have a bias towards religion and to show a neglect of problems of space, notably administration and law[23].

L'appel d'Innis à la réflexivité exigeait une reconnaissance du fait que « [a]ll scholarship must be and inevitably is adapted to the time and place of its creation »[24]. La question du choix d'objets d'étude par les chercheurs en est une

---

[16]   *Ibid.*, p. 66.
[17]   James W. Carey, *Harold Adams Innis and Marshall McLuhan*, Baltimore, PenguinBooks, 1969, p. 273.
[18]   *Cf.* Marshall McLuhan, *Understanding Media*, New York, Signet Books, 1964.
[19]   *Harold Adams Innis and Marshall McLuhan*, p. 281.
[20]   *Ibid.*, p. 273.
[21]   *The Bias of Communication*, Toronto, University of Toronto Press, 1951, p. 33.
[22]   *Ibid.*
[23]   *Ibid.*, p. 33-34.
[24]   *Communication as Culture*, p. 148.

belle illustration, puisque l'« interest in the bias of other civilizations may in itself suggest a bias of our own »[25]. La façon d'aborder ce dilemme était de rendre la réflexivité fondamentale à toute recherche sur les médias.

> We can do little more than urge that we must be continually alert to the implications of this bias and perhaps hope that consideration of the implications of other media to various civilizations may enable us to see more clearly the bias of our own. In any case we may become a little more humble as to the characteristics of our civilization[26].

La partialité est institutionnalisée par ce qu'Innis a décrit comme des « monopolies of knowledge »[27] par lesquels l'« use of a medium of communication over a long period will to some extent determine the character of knowledge to be communicated »[28]. Une dynamique rhétorique récurrente peut être observée quand un médium dominant avec sa « pervasive influence » opère de façon à ce que « life and flexibility will become exceedingly difficult to maintain and that the advantages of a new medium will become such as to lead to the emergence of a new civilization »[29].

Laissant les modernes à leur croyance que les médias contemporains auraient dépassé toutes les limites de la libre innovation, Innis s'est plutôt consacré à l'étude de la tradition orale et à son inhérente résistance au monopole pour « demonstrate that the belief that the growth of mechanical communication necessarily expanded freedom and knowledge was both simplistic and misleading »[30]. Et il a par conséquent milité pour une « parallel and dialetical growth of the public sphere, grounded in an oral tradition »[31]. Anticipant sur les arguments qu'Ivan Illich[32] développera plusieurs décennies plus tard en une philosophie de la convivialité, Innis s'est déclaré en faveur de formes vernaculaires de communication comme défense contre toute « knowledge industry » autoritaire dont le pouvoir monopolisateur vise toujours à déterminer que « meanings are not dignified as knowledge until they are processed through that industry or certified by designated or self-designating occupations, classes, or even countries »[33]. Donc, l'historicisation de l'utilisation et de l'institutionnalisation des médias opérée par Innis s'est développée en un projet dialectique, et libérateur, que Judith Stamps a caractérisé de « unthinking modernity »[34]. Ce coup de force démocratisateur visait à créer des pratiques alternatives aux modèles dominants en matière de communication.

---

[25]   *The Bias of Communication*, p. 33.
[26]   *Ibid.*, p. 34.
[27]   *Ibid.*, p. 35 et sv.
[28]   *Ibid.*, p. 34.
[29]   *Ibid.*
[30]   *Communication as Culture*, p. 167.
[31]   *Ibid.*
[32]   Ivan Illich. *La Convivialité*, Paris, Seuil, 2003.
[33]   *Communication as Culture*, p. 168.
[34]   *Unthinking modernity*.

La tâche historique, tout aussi ambitieuse, entreprise par Leroi-Gourhan consistait à proposer une description détaillée « des relations géologiques entre la technique et le langage »[35]. Sa formation intellectuelle en linguistique et ethnologie, ainsi que ses intérêts combinés pour l'art et la culture matérielle ont d'abord conduit Leroi-Gourhan à entamer son projet en recherchant d'abord « comment, en divers temps, les hommes ont vu l'homme qu'ils étaient »[36].

Dérivant son approche des fondements structuralistes, Leroi-Gourhan a cherché à établir des taxonomies des activités techniques et à découvrir les procédés générateurs[37] ou les codes syntaxiques qui ont permis à la technologie d'être considérée comme « the point of access for understanding human cultures »[38]. En particulier, les innovations techniques permettent une continuelle, et sans cesse accrue, « externalization of cultural memory »[39]. Le paléontologue tire ainsi profit de cette matérialisation de l'« ideology (or meaning) »[40], considérant combien l'observation systématique de la « manual creation of a material culture that is extracorporeal » soutient les analyses trans-culturelles (synchroniques) et historiques (diachroniques) visant à évaluer les « knowable formal patterning » de l'action matérielle comme cela a pu avoir lieu au sein de cultures antérieures[41].

Le « 'structuralist break-out' »[42] de Leroi-Gourhan a déplacé l'attention des spécialistes de la préhistoire : d'hypothèses fondées sur le « unknowable meaning of constituent symbols », comme ceux rencontrés sur les murs des cavernes, ils sont passés à un intérêt pour des « operational sequences » considérés comme des « building blocks of technology, indeed of culture »[43]. Donc, Leroi-Gourhan inaugure ici le mouvement que Debray reprendra plus tard pour son analyse du « devenir-forces matérielles des formes symboliques »[44]. Ces « materialities of communication »[45] deviennent l'objet central de l'analyse culturelle, puisque « only with humans do we see these operational sequences take material form and become more-or-less permanent constituents of the human environment »[46].

---

[35] *Le Geste et la parole*, p. I-11.

[36] *Ibid.*

[37] *Cf.* Margaret W. Conkey, « A History of the Interpretation of European 'Paleolithic Art': Magic, Mythogram, and Metaphors for Modernity » in Andrew Lock and Charles R. Peters, eds., *Handbook of Human Symbolic Evolution*, Oxford, Blackwell Publishers, 1999, p. 288-349.

[38] Randall White, « Introduction », in André Leroi-Gourhan, *Gesture and Speech*, Cambridge, MA, MIT Press, 1993, p.xiii-xxii (xvii).

[39] *Ibid.*, p. xix.

[40] *Ibid.*, p. xvi.

[41] *Ibid.*, p. xviii.

[42] Margaret W. Conkey, p. 300.

[43] Randall White, p. xvi.

[44] Régis Debray, *Manifestes médiologiques*, Paris, Gallimard, 1994, p. 17.

[45] *Cf.* Hans Ulrich Gombrecht et K. Ludwig Pfeiffer, *Materialities of Communication*, Stanford, Stanford University Press, 1994.

[46] Randall White, p. xviii.

L'importance de la médiation dans les activités humaines sur laquelle Leroi-Gourhan a mis l'accent se reflète non seulement dans le domaine des technologies mais, de façon plus fondamentale encore, dans les modalités de développement de la biologie humaine. Leroi-Gourhan considérait d'ailleurs la préhistoire comme « l'histoire du cerveau et de la main »[47]. Considérant que l'humain résulte de « la coïncidence entre l'évolution de la station et celle du système nerveux est évidente »[48], Leroi-Gourhan s'est lancé dans la constitution d'une « biologie de la technique »[49] qui lie une histoire naturelle de la pensée à une histoire de la matérialisation de la pensée.

> [J]'ai eu le désir de commencer par un véritable commencement puisque l'homme est d'abord perceptible dans sa réalité corporelle et il semble que la suite normale soit de mesurer d'abord le résultat des actions de la main, c'est-à-dire ce que l'homme s'est fabriqué pour pouvoir exercer sa pensée[50].

Leroi-Gourhan a identifié les conditions nécessaires à l'émergence de la culture en termes qui sont également fondamentaux aux théories d'Innis, à savoir la « sédentarisation» et « la libération d'un nombre d'heures très important »[51]. La libération d'une partie de la population d'une communauté de la fonction de production de nourriture par l'établissement de séquences opérationnelles ou « mécanismes sociaux » (c'est-à-dire des ensembles d'activités habituelles ou routinières qui servent à atteindre des objectifs collectifs fonctionnels dans un groupe humain) contribue à une sorte de « capital collectif » qui, à son tour, permet aux artisans de développer des aptitudes techniques. Engranger de la nourriture déclenche un processus de croissance de la population et requiert une stabilité spatiale accrue. Des groupes humains de plus en plus grands, avec une proportion de plus en plus grande de leur population affranchie des tâches alimentaires pendant des intervalles de temps suffisants finissent pas créer un « 'milieu favorable' »[52] qui n'est autre que le noyau fondamental de l'identité culturelle.

En dépit du fait que l'organisation matérielle et le travail manuel aient créé les conditions fondamentales au développment culturel, les observateurs ont toujours eu tendance à privilégier les activités intellectuelles dans leur analyse de l'émergence de la culture comme l'aspect distinctif du processus d'hominisation. Leroi-Gourhan, quant à lui, s'est plutôt intéressé à l'artisan – le « technicien » ou l'« ingénieur » – comme figure intellectuelle centrale à l'organisation matérielle. Ses réflexions critiques sur la façon dont l'histoire a traité du rôle de l'artisan valent la peine d'être citées.

---

[47]   *Le Geste et la parole*, p. I-207.
[48]   *Ibid.*
[49]   *Ibid.*, p. I-206-207.
[50]   *Ibid.*, p. I-207.
[51]   *Ibid.*, p. I-239.
[52]   *Ibid.*

La civilisation repose sur l'artisan et la situation de celui-ci dans le dispositif fonctionnel correspond à des faits que l'ethnologie a encore très incomplètement définis. Sa fonction est, parmi les fonctions fondamentales, celle qui prête le moins aux valorisations honorifiques. A travers toute l'histoire et dans tous les peuples, alors même que son action s'intègre étroitement dans le système religieux, il figure en retrait. Par rapport à la « sainteté » du prêtre, à l'«héroïsme» du guerrier, au « courage » du chasseur, au « prestige » de l'orateur, à la « noblesse » des tâches rurales mêmes, son action est simplement « habile ». C'est lui qui matérialise ce qu'il y a de plus anthropien dans l'homme, mais il se dégage de sa longue histoire le sentiment qu'il ne représente qu'un des deux pôles, celui de la main, à l'antipode de la méditation. A l'origine de la discrimination que nous faisons encore entre « l'intellectuel » et le « technique » se trouve la hiérarchie établie chez les Anthropiens entre action technique et langage, entre l'œuvre liée au plus réel de la réalité et celle qui s'appuie sur les symboles[53].

Cette réévaluation de la technique et du matériel, sa mise à égalité avec le symbolique, est précisément ce que Debray retiendra tout particulièrement de l'œuvre de Leroi-Gourhan : « L'auteur des fouilles de Pincevent et Arcy-sur-Cure a pensé en continuité l'évolution biologique, le progrès technique et l'organisation sociale, sans confondre les trois niveaux mais sans séparer le secteur 'langage' du secteur 'outil' »[54]. En transcendant les approches du « tout-socio » et du « tout-bio », totalisantes dans leur explication du changement et de la continuité culturelles, soit « par le haut » (du point de vue de l'esprit et du langage), soit « par le bas » (du point de vue corporel et matériel)[55], Leroi-Gourhan a ouvert pour la médiologie des possibilités d'explorer le type de narratif auquel Debray vise clairement à contribuer :

C'est à notre connaissance, le plus dense compte rendu de la « succession des hommes » (Pascal), où l'incessant aller-retour entre le corporel et le spirituel, les vecteurs et les valeurs, les mémoires et les libérations, permet d'embrasser, à même la dynamique des millénaires, l'évolution à chaque instant combinée du cortex, du silex et du signe[56].

Etudes média comme contre-pratique : Carey, Debray et Ulmer

James Carey a créé dans les années 60 et 70 un espace intellectuel pour le type d'études média qu'il croyait urgente, en mettant en question une « transmission view of communication [that] has dominated American thought since the 1920s »[57]. Il a contré la tradition enpirique dominante par une « ritual view of communication »[58] et une « cultural approach »[59] dérivées de « the ancient

53   *Ibid.*, p. I-242-243.
54   *Transmettre*, p. 115.
55   *Ibid.*, p. 121.
56   *Ibid.*, p. 120.
57   *Communication as Culture*, p. 23.
58   *Ibid.*, p. 15 et sv..
59   *Ibid.*, p. 13 et sv.

identity and common roots of the terms 'commonness,' 'communion,' 'community,' and 'communication' »[60]. Il a également mentionné les notions connexes de « 'sharing', 'participation', 'association', 'fellowship', and 'the possession of a common faith' »[61]. Carey a noté, tout comme l'avait fait Innis auparavant, que l'accomplissement culturel de ces qualités, ou états, a lieu dans le temps long et de façon plus élémentale encore que l'agencement spatial de la culture participative.

Les sources d'une telle approche ne provenaient certes pas de la tradition des sciences sociales américaines de l'époque et de leur tendance behavioriste. Carey a donc dû chercher ailleurs parmi « the work of Weber, Durkheim, de Tocqueville, and Huizinga … [and] contemporaries such as Kenneth Burke, Hugh Duncan, Adolph Portman, Thomas Kuhn, Peter Berger, and Clifford Geertz »[62]. Il conclut que :

> the most viable though still inadequate tradition of social thought on communication comes from those colleagues and descendents of Dewey in the Chicago School: from Mead and Cooley through Robert Park and on to Erving Goffman[63].

Harold Innis faisait également partie de la tradition de l'école de Chicago[64], et Carey incorporera cette influence aux autres susmentionnées pour mettre sur pied un type d'études culturelles typiquement américain et mettre en question la domination, tout aussi distinctement américaine, de la notion de transmission.

Le concept de transmission pour Carey privilégiait trop la notion d'espace et accordait une trop grande importance à la notion de contrôle. Les théoriciens de la transmission voyaient la communication de façon normative comme :

> a process of transmitting messages at a distance for the purpose of control. The archetypal case of communication, then, is persuasion; attitude change; behavior modification; socialization through the transmission of information, influence, or conditioning, or, alternatively, as a case of individual choice over what to read or view[65].

Selon Carey, la théorie de la transmission semblait complètement inadéquate à la compréhension du contexte culturel nord-américain, en particulier les Etats-Unis, où l'historique « absence of a shared sentiment »[66] signifiait que les « communities could be organized and held together only

---

[60]   *Ibid.*, p. 18.
[61]   *Ibid.*
[62]   *Ibid.*, p. 23.
[63]   *Ibid.*
[64]   *Cf.* James W. Carey, « Innis 'in' Chicago: Hope as the Sire of Discovery », in Charles R. Ackland et William J. Buxton, eds., *Harold Innis in the New Century*, Montreal et Kingston, McGill-Queen's University Press, 1999, p. 81-104.
[65]   *Communication as Culture*, p. 42-43.
[66]   « Innis 'in' Chicago: Hope as the Sire of Discovery », p. 87.

through discussion, debate, negotiation – in a word, communication »[67]. L'Amérique était le résultat direct d'un dessein[68] beaucoup plus que ne l'était l'Europe avec son héritage et ses traditions. Citant des remarques faites par le psychologue Carl Hovland, Carey observe qu'« in the United States communication is a substitute for tradition »[69]. L'idéal de communication de Dewey en tant qu' « activity of creation and imagination, not merely transmission and control »[70] occupe le devant de la scène, puisque les communautés et la nation poursuivent un ordre social qui est « neither inherited nor unconsciously achieved but actually hammered out as diverse people assembled to create a common culture and to embody culture in actual social institutions »[71].

Debray, comme noté plus haut, inverse les termes par rapport à ses confrères nord-américains. Pour lui, la transmission est « essentiellement un transport dans le temps »[72]. La communication, par contre, est principalement spatiale, une simple « trame » connective qui « relie surtout des contemporains (un émetteur à un récepteur simultanément présents aux deux bouts de la ligne) »[73]. La transmission, dans sa « triple portée, *matérielle, diachronique* et *politique* »[74] constitue une « trame, *plus* un drame »[75]. De plus, et c'est primordial pour Debray, « transmettre, c'est organiser, donc faire territoire »[76].

Déplacer ainsi son attention de la communication à la transmission rappelle l'approche historique d'Innis. « Ainsi chacun des termes nous fait-il changer d'échelles et d'unités chronologiques : là l'opérateur calcule en jours, en minutes et en secondes ; ici, en décennies, sinon en siècles et millénaires »[77]. Les valeurs de partage, de participation et de croyances communes que Carey attribuait à la communication sont définitivement situées, pour Debray, du côté de la transmission. « Nous transmettons *pour* que ce que nous vivons, croyons et pensons ne meure pas avec *nous* (plutôt qu'avec *moi*) »[78].

Pour Debray, la transmission constitue le mode d'organisation, de création de l'ordre social. Il écrit :

> Il nous est permis, pour ce faire, selon les âges, de recourir aux moyens de la poésie orale, avec ses rythmes et ritournelles propices à la mise en mémoire, du dessin ou de l'écrit, de l'imprimé, de l'audiocassette ou d'Internet – de tout cela ensemble ou séparément –, au gré des audiences visées ou du développement technique – mais le

---

[67]   *Ibid.*
[68]   *Cf.* David Noble, *America by Design*, New York, Oxford University Press, 1977.
[69]   « Innis 'in' Chicago: Hope as the Sire of Discovery », p. 87.
[70]   *Ibid.*, p. 88.
[71]   *Ibid.*, p. 87.
[72]   *Transmettre*, p. 17.
[73]   *Ibid.*
[74]   *Ibid.*, p. 15.
[75]   *Ibid.*, p. 17.
[76]   *Ibid.*, p. 33.
[77]   *Ibid.*, p. 18.
[78]   *Ibid.*

contenu du message se guide sur les besoins de sa délivrance, comme l'organe sur sa fonction[79].

Carey, de son côté, voit du rituel dans le processus de communication, ainsi que dans le médium à travers lequel la vie sociale est « produced, maintained, repaired, and transformed »[80]. Les termes qu'il utilise ici sont obligatoirement interprétatifs et participatoires.

> Under a ritual view, then, news is not information but drama. It does not describe the world but portrays an arena of dramatic forces and action; it exists solely in historical time; and it invites our participation on the basis of our assuming, often vicariously, social roles within it[81].

Il serait vain de débattre ici quel usage des termes de communication et de transmission, de rituel et d'organisation serait préférable. La question primordiale serait plutôt de savoir comment les quatre auteurs discutés ici déploient et définissent leurs termes préférés dans le but de faire avancer le type de recherche qu'ils trouvent essentiels aux études médio-média.

Carey a choisi le télégraphe pour mettre en application le concept de partialité dans son investigation des développements des médias et du drame social qui s'y déroule. Dans l'esprit de Leroi-Gourhan, mais tout en employant le cadre conceptuel d'Innis, Carey examine la signification de l'industrie du télégraphe, en conjonction avec les chemins de fer, comme la « first of the science- and engineering-based industries »[82] qui a fourni les séquences opérationnelles fondamentales au « management of complex enterprises »[83].

Son analyse débute par le fait, souvent noté depuis lors, que la communication pouvait à présent être séparée de la notion de transport, puisque l'électricité permettait aux messages de voyager plus rapidement que les objets physiques, tels que les personnes, parchemins ou livres qui auparavant servaient de support aux messages. Plus important encore, « not only can information move independently and faster than physical entities, but it can also be a simulation of and control mechanism for what has been left behind »[84]. Se basant sur les relations entre capacité symbolique (simulation), pouvoir (mécanismes de contrôle) et circonstances matérielles et sociales (ce qui est laissé de côté), Carey aborde les implications techniques/matérielles, symboliques et relationnelles d'une telle dynamique pour la société :

> … how this instrument altered the spatial and temporal boundaries of human interaction, brought into existence new forms of language as well as new conceptual

---

[79] *Ibid.*

[80] *Communication as Culture*, p. 21.

[81] *Ibid.*

[82] *Ibid.*, p. 202.

[83] *Ibid.*

[84] *Ibid.*, p. 215.

systems, and brought about new structures of social relations, particularly by fostering a national commercial middle class[85].

Il serait fastidieux et hors-propos dans cet essai de rappeler tous les points de détail de l'étude de Carey. Il faut cependant insister sur l'argument principal de Carey qui est de mettre l'accent sur la façon dont une approche fondamentalement médio-logique, pour reprendre le terme de Debray, peut, et doit, *situer* l'analyse, c'est-à-dire fournir une « detailed investigation in a couple of sites where … effects can be most clearly observed »[86], et l'investir d'une *approche théorique*, c'est-à-dire explorer « changes in the nature of language, of ordinary knowledge, of the very structures of awareness »[87]. Donc, Carey démontre comment « the telegraph via the grid of time coordinated the industrial nation »[88], et ce faisant, « demanded a new body of law, economic theory, political arrangements, management techniques, organizational structures, and scientific rationales »[89].

Dans son oeuvre médiologique, Debray a tendance à naviguer entre, d'une part, une approche tantôt journalistique, pamphlétaire, tactique ou autobiographique[90], et, d'autre part, une théorisation spéculative et de grande envergure[91]. S'inspirant de l'organisation taxonomique de Leroi-Gourhan, Debray propose des tableaux médiologiques qui correspondent jusqu'à un certain point, aux épisodes culturels, sociaux et technologiques que Carey a décrit en détail dans son étude de cas historique.

Pour revenir à Innis et à ses survols très généralement théorisés de « great periods and movements of human society »[92], organisés selon un intérêt pour « the role of time or the attitude towards time »[93], on peut raisonnablement observer que le but d'un projet médiologique contemporain pourrait être poursuivi en combinant l'orientation théorique générale que Debray élabore dans *Manifestes médiologiques* et *Transmettre* au type d'analyse détaillée d'une époque de grande transformation que Carey propose avec « Technology and Ideology : The Case of the Telegraph » dans son ouvrage *Communication as Culture*.

Une autre façon de compléter un projet médiologique serait d'incorporer un style d'analyse à la fois plus transitoire, subjectif, personnel et populaire, comme Debray le fit dans *Le Pouvoir intellectuel en France*. Ces différents types de discours et méthodes jouent un rôle essentiel dans la production d'un « répertoire de formes, de schémas intuitifs et de souvenirs incorporés mis par

---

85   *Ibid.*, p. 204.
86   *Ibid.*, p. 210.
87   *Ibid.*, p. 202.
88   *Ibid.*, p. 229.
89   *Ibid.*, p. 205.
90   *Cf.* Keith Reader, *Régis Debray: A Critical Introduction*, London, Pluto Press, 1995 et Régis Debray, *Le Pouvoir intellectuel en France*, Paris, Ramsey, 1979.
91   *Cf. Transmettre*, op. cit. et *Manifestes médiologiques*, op. cit.
92   *The Bias of Communication*, p. 61.
93   *Ibid.*

chaque société à la disposition de ses membres »[94]. Debray n'a pas utilisé tous ces modes dans son propre travail. Ou du moins, pas dans la même mesure que Gregory Ulmer dans une série d'écrits où ce dernier développe une pédagogie expérimentale pour les Humanités[95], basée sur l'invention et l'expérimentation artistiques (qu'il appelle « heuretics »), plutôt que sur une découverte et une interprétation critique (l'hermeunétique). Ulmer a ensuite mis sur pied une théorie, qu'il appelle « teletheory » et un genre d'écriture, ou de production culturelle qu'il nomme « mystory »[96], et qui est une « translation (or transduction) process researching the equivalencies among the discourses of science, popular culture, everyday life, and private experience »[97]. Le type de texte qu'Ulmer cherche à créer, ainsi qu'aider d'autres à apprendre à écrire dans ses cours universitaires, est un texte qui est « capable of bringing into relationship three levels of culture that contribute equally to the cycle of invention: personal, popular, and disciplinary discourse »[98].

La préoccupation poststructuraliste d'Ulmer dans *Teletheory*, un ouvrage qui expose les fondements de son approche, est d'apprendre de la télévision, ou de la vidéo, ce qu'il appelle une « nouvelle pédagogie » conforme à l'enseignement des Humanités à l'âge vidéosphérique. Dans ses livres suivants, *Heuretics* et *Internet Invention*, Ulmer étend son programme au domaine des technologies hypermedia et internet.

Ce qu'Ulmer retient de la télévision, et par conséquent, d'autres technologies de la communication, est multiple. Au niveau de la signification sociale et culturelle, la télévision est « the name for the institution that has arisen to manage and distribute the medium of video (just as cinema is said to be the institutionalization of film) »[99]. Cette « institution » associée à l'industrie du divertissement « has created a didactic enterprise that rivals the schools in terms of total budget and hours attended (statistically) »[100]. De plus, la télévision s'oriente vers un style cognitif, une pensée électronique qui est devenue culturellement dominante. Ulmer affirme qu'un tel style de pensée « is not dependent upon video equipment, that it is not media specific »[101]. En fait, la « technology is only one element in a complex cultural ecology that includes ideology and institutional practices as well »[102].

A partir de ces considérations, Ulmer verrait la médiologie comme un domaine à niveaux multiples de pratiques, de discours et de relations interagissant de façon complexe. La télévision est particulièrement importante à cause, premièrement, de sa présence matérielle ambiante[103] ; deuxièment, de

---

[94]   *Transmettre*, p. 82.
[95]   *Heuretics*, p. xii.
[96]   *Teletheory*, p. vii et 82-104.
[97]   *Ibid.*, p. vii.
[98]   *Ibid.*, p. 115.
[99]   *Ibid.*, p. x.
[100]   *Ibid.*
[101]   *Ibid.*
[102]   *Ibid.*
[103]   *Cf.* Anna McCarthy, *Ambient Television*, Durham, NC, Duke University Press, 2001.

son « public display of 'active images' … available for use in reasoning »[104] ; et, troisièment, de sa capacité de positionner ou interpeller les téléspectateurs et producteurs à l'intérieur d'une série particulière de relations et d'identités fonctionnelles[105].

La production de la « mystory » chez Ulmer, avec son mélange de genres autobiographique et populaire, sans parler des différentes disciplines qui y sont représentées, devient le point central de son propre manifeste média « amounting to a discourse on method – a rhetoric or poetics … a program of experimentation »[106]. Dans la phase expérimentale qu'il entreprend dans son dernier livre, *Internet Invention*, Ulmer présente un programme modèle qu'il a développé à l'université de Floride et qu'il a utilisé dans des cours généraux d'anglais, des cours de licence en études culturelles et médias, ainsi que dans des séminaires de troisième cycle en littérature anglo-américaine. L'objectif de cette expérience pédagogique est de mettre la théorie à la disposition des étudiants en tant qu'élément du travail de création et d'invention culturelle à l'âge électronique. Convaincu de l'idée que l'« art in its purest form had a contribution to make to the practical world », et que « the dilemmas of the practical world are fundamentally resistant to policies that neglect the human question »[107], Ulmer a progressivement mis en place une « 'electracy' – which is to digital media what literacy is to print »[108]. Le but de cette entreprise pédagogique consiste à conférer aux apprenants la capacité de construire leur propre environnement communicationnel, plutôt que de subir en récepteur passif la transmission des autres, ou même de transmettre (d')eux-mêmes selon des modèles et formats établis et fondés sur l'écrit.

Tout comme Innis envisageait de redécouvrir l'oralité, ainsi que les dimensions de l'expérience comme moyen d'« impenser » l'influence de la modernité – et tout comme il léguait ce projet à Carey et bien d'autres – Ulmer identifie de façon similaire un idéal de participation active pour son projet. En résonance avec le caractère particulier du discours et de la mise en place d'une activité à l'âge électronique, Ulmer pourvoit une identité distincte aux amateurs de l'« electracy », ou lettrisme à l'âge électronique (risquons donc l'« élettrisme »).

> The EmerAgency is a consultancy "without portfolio." We imagine it as an umbrella organization gathering through the power of digital linking all the inquiries of students around the world and forming them into a "fifth estate," whose purpose is to witness and testify, to give voice to a part of the public left out of community decision making, especially from policy formation. The philosopher Wittgenstein once said that even if we could solve all the technical or scientific problems, we would still leave the human

---

[104] *Teletheory*, p. 135.
[105] *Cf.* Stuart Hall, « Introduction : Who Needs 'Identity' ?, in Stuart Hall et Paul du Gray, eds, *Questions of Cultural Identity*, London, Sage Publications, p. 1-17 (p. 7-8).
[106] *Heuretics*, p. xiii.
[107] *Internet Invention*, p. 2.
[108] *Ibid.*, p. xii.

question untouched. The EmerAgency approaches public or community problems in terms of this human question, from the perspective of the humanities and liberal arts[109].

La médiologie semble bien constituer un partenaire objectif, un co-conspirateur, ou un compagnon de route à cette tentative de création d'un « cinquième pouvoir ». Redécouvrir ou révéler le passé médiologique et proposer des analyses du temps présent peuvent certainement servir de prologue à l' « écriture correcte » (writing/righting) du futur médiologique[110].

---

[109] *Ibid.*, p. 1.
[110] *Cf.* Stanley Cavell, *The Senses of Walden*, Chicago, University of Chicago Press, 1992.

Stéphane Spoiden, University of Michigan at Dearborn

LES RENDEZ-VOUS MANQUES : DE LA MEDIOLOGIE EN AMERIQUE

> L'Europe griffonne des théories,
> l'Amérique met la vie en couleurs[1].

Alors que la médiologie s'est institutionnalisée en France par une revue, *Les Cahiers de médiologie*, une collection intitulée le « champ médiologique » aux éditions Odile Jacob avec une production constante d'ouvrages, ainsi que par de nombreux colloques, il est remarquable de constater qu'il n'y a à ce jour aucun ouvrage critique publié aux Etats-Unis sur la médiologie, ni même d'article qui porte exclusivement sur la médiologie. Bien que traduits en anglais, les ouvrages en médiologie de Régis Debray, théorie et pratique, sont rarement discutés et restent largement inconnus outre-Atlantique.

En amont de cette méconnaissance ahurissante, le seul souvenir de Debray, à la fois vague et problématique, que retient un nombre de plus en plus restreint de personnes remonte aux années de poudre et à l'engagement castro-guévariste du médiologue. Depuis, et seulement pour quelques chercheurs en études françaises, seul le nom de Debray, et non pas le terme de « médiologie », n'enregistre que de furtifs bips sur le radar universitaire, et exclusivement en rapport à la politique. Durant ces dernières années, le voyage de Debray au Kosovo suivi d'une lettre adressée au président de la République aura été le seul événement le concernant qui fut un tant soit peu discuté aux Etats-Unis. Et seule la tentative de lynchage médiatique orchestrée par les principaux journaux français et quelques personnalités du champ médiatico-intellectuel reçurent un écho outre-Atlantique[2]. En bref, comme en témoigne également l'essai de Jeffrey Mehlman dans ce volume, on s'intéresse aux Etats-Unis plus à la personne de Régis Debray qu'à son chantier médiologique, avec du côté littéraire ses écrits autobiographiques, et du côté politique des essais tel que *Le Code et le glaive*[3].

[1] Régis Debray, *Contretemps. Eloges des idéaux perdus*, Paris, Gallimard, 1992, p. 86.
[2] Une tempête dans un verre d'eau qui aura été résumée aux Etats-Unis par un article sans les correctifs d'après coup. Voir Richard J. Golsan, « Old Wine in New Bottles ? Kosovo and the 'Debray Affair' », in *Contemporary French Civilization*, vol. XXIV-2, Summer/Fall 2000, pp. 341-357. Voir également de Régis Debray, « Une machine de guerre », in *Manière de voir*, No 63, Mai-Juin 2002, pp. 62-68.
[3] Régis Debray, *Le Code et le glaive. Après l'Europe, la nation ?*, Paris, Albin Michel, 1999.

Il est a priori concevable, sinon évident, que la médiologie par son originalité devrait intéresser un milieu universitaire américain dans lequel sciences de la communication, « cultural studies » et autres « media studies » occupent une place de choix. La médiologie se distingue des autres pratiques continentales par sa multidisciplinarité à tout cran, son refus des cloisonnements et son affinité pour les savoirs multiples. L'une des innovations de la médiologie est d'accepter tous les objets et indices qui participent au service de la transmission de la culture. Il suffit de consulter l'un ou l'autre numéro des *Cahiers* pour s'apercevoir que l'entreprise médiologique cherche à sortir de l'enfermement disciplinaire, à élargir le champ d'investigation intellectuelle, à métisser les savoirs, et, en somme, à remettre en question les objets et les hiérarchies académiques. Voilà qui devrait être de bon augure pour séduire un milieu intellectuel américain constamment à la recherche d'ouverture et de nouvelles interrogations.

Dans le contexte américain, la médiologie pourrait se présenter en complément idéal aux « media studies » américaines dont elle partage d'ailleurs la bibliothèque de références. « Pas étonnant que les deux tiers de ma bibliothèque de médiologue soient en anglais » avoue Debray, tout en citant Harold Innis (voir l'article de Wayne Woodward), Raymond Williams, Marshall McLuhan et bien d'autres[4]. La médiologie pourrait grandement contribuer aux études critiques des médias dans ce pays, son « frère de lait » anglo-américain pour reprendre l'expression de Nathalie Roelens. Si les « media studies » s'attardent sur les implications socio-économico-politiques liées aux médias de masse et procèdent volontiers à une analyse idéologique et engagée, souvent de politique identitaire, la médiologie de son côté met l'accent sur la notion générale de transmission avec une insistance sur l'importance du support technique dans ce procédé de transmission. L'une des contributions de la médiologie est de faire ressortir combien « les changements de support modifient les régimes de croyance et d'appartenance » d'une société[5]. La médiologie façon Debray se garde bien de se lancer dans une déconstruction politique du message – contester – et préfère analyser – constater – simplement l'efficacité des supports, des conduits que l'on donne à un message ou à une idée pour le transmettre. Toutefois, elle rappelle à l'occasion que les « media studies » ignorent que le choix du support est un geste politique, que le technique, s'il se veut efficace, tend à l'uniformisation, à la standardisation, par simple pragmatisme et/ou rationalisme économique. Ensuite, les « media studies » voyagent peu dans le temps et privilégient la communication dans l'espace présent. En un mot, les « media studies » officient sur la synchronie, tandis que la médiologie préfère le temps long de l'histoire, la diachronie, donc le temps plutôt que l'espace.

---

4   Régis Debray, *Par Amour de l'art. Une éducation intellectuelle*, Paris, Gallimard, 1998, p. 323.
5   Régis Debray, *Transmettre*, Paris, Odile Jacob, 1997, p. 77.

L'un des objectifs principaux de la médiologie est de démanteler les frontières entre sphères symbolique et technique, et de se proposer ainsi en nouvelle philosophie matérialiste de la transmission plutôt que de contribuer à l'analyse critique des médias comme le font les « media studies ». En somme, la médiologie viendrait idéalement combler la tache aveugle des « media studies », ou du moins attirer l'attention sur des éléments délaissés par les autres disciplines. Sans vouloir aller trop vite en besogne, car il y aurait beaucoup d'autres éléments à ajouter, il semble qu'il y ait bien une complémentarité potentielle entre « media studies » et médiologie qu'il convient d'acquiescer.

Si l'accent est mis sur cette complémentarité, celle-ci pourrait être vue comme avantageuse pour le champ des études des médias qui gagnerait à intégrer les données de la médiologie et dans ce cas, il y aurait acceptation. Si, par contre, l'accent est strictement mis sur la différence oppositionnelle entre pratiques, alors on ne peut que constater le rejet pour cause d'incompatibilité, et c'est bien ce qui semble se passer pour le moment aux Etats-Unis pour la médiologie.

Et cependant, si la médiologie propose parfois une réflexion sur le lien entre culture et nation qui sied peu aux inclinations académiques américaines, plus portées sur la culture des groupes sociaux, elle s'applique également à considérer la culture au sens large, entre anthropologie et histoire, qui correspond bien aux « cultural studies » à l'américaine. Tout comme celles-ci, la médiologie se charge de penser le culturel.

Outre ces considérations intiales, et certes hâtives, à propos du champ universitaire américain, quelles sont donc les causes de l'insuccès ou de la méconnaissance de la médiologie aux Etats-Unis ?

Classons-les en deux types, même si les enchevêtrements sont multiples. Que l'on veuille donc bien me pardonner des aller-retours inévitables. Tout d'abord, les causes dites exogènes, parmi lesquelles on retiendra particulièrement les phénomènes de rejet secrétés par le terrain importateur d'idées et de systèmes de pensée exotiques. Ensuite, les causes endogènes, c'est-à-dire celles qui sont inhérentes à la méthode médiologique. Parmi celles-ci, il faudra ajouter les résistances liées à la personnalité de son principal initiateur.

La médiologie, par le sort que lui réserve le monde universitaire américain, rappelle aux amateurs de bandes dessinées les aventures de *Tintin en Amérique*. En visite incognito à Chicago, le fameux reporter est néanmoins reconnu par une pègre attentive qui tente immédiatement de se débarrasser de lui. Il en va de même avec la médiologie en Amérique à ceci près que le meurtre en milieu universitaire, c'est bien connu, s'opère par le silence. Et comme le fait remarquer Debray lui-même : « le silence, c'est le bonheur du meurtre sans les ennuis »[6]. Mais ce silence persistant aux Etats-Unis à l'endroit de la médiologie est lourd de conséquences. Qu'en est-il au juste ? Quelles en

---

[6]   *Par Amour*, p. 303.

sont les raisons ou les causes ? A qui profite le crime, si profit il y a ? Et qui veut donc la peau du « Tintin de la rue d'Ulm »[7] ?

Du côté de la transmission de la théorie proprement dite, il faut déplorer que la médiologie est largement ignorée par les vecteurs traditionnels de la pensée française aux Etats-Unis. Il ne semble pas y avoir de prise dans les départements d'études françaises ou de littérature comparée, comme ce fut le cas par le passé pour la théorie littéraire et la philosophie. On pourrait arguer, en guise d'explication, que les départements susmentionnés se sont toujours limités à l'étude de la littérature et, depuis peu, de la culture mais le plus souvent de façon élémentaire et sans vraiment poser la question de sa transmission. De plus, ils s'intéressent très peu à l'étude des médias et à la culture visuelle en général, exception faite pour le cinéma. Toujours est-il que la médiologie a tout au plus fait quelques timides incursions dans les départements de communication, ce qui peut paraître logique, mais plutôt maigre comme résultat. Outre ces réserves et limites inhérentes aux départements de « French studies » comme relais institutionnels de la pensée française, il faut également noter le manque d'interfaces entre l'institution universitaire américaine où domine une idéologie libertaire d'activisme politique et le désengagement debrayen qui traverse la médiologie.

Par ailleurs, il faut savoir que le succès du structuralisme et du post-structuralisme avec l'émergence de célébrités comme Jacques Derrida, Michel Foucault et d'autres a provoqué, tout comme en politique récemment, une sorte de « backlash », de choc en retour contre la pensée française. Il semble bien que depuis 20 ans aucune personnalité intellectuelle française ni aucune école de pensée marquante n'ait pu émerger aux Etats-Unis, à l'exception peut-être de Pierre Bourdieu. Suite à ce long séjour au purgatoire de la « French thought », il en résulte l'impression tenace qu'il ne se produit plus rien d'intéressant en France. De plus, une quelconque « pensée française » relative aux « cultural studies » ou « media studies » et à une philosophie matérialiste de la transmission semble improbable de ce côté de l'Atlantique, tant l'orthodoxie traditionnelle anglo-américaine sur le sujet semble totale. La tendance à l'exclusion de voix alternatives, c'est la dynamique du champ, est renforcée par les problèmes internes que rencontrent ces disciplines dans leurs pays de prédilection (Angleterre, Etats-Unis). Ainsi, d'une part, les « cultural studies » sont suffisamment bien institutionnalisées pour refouler tout apport extérieur ; d'autre part, les crises d'identité quasi permanentes qui les minent contribuent d'autant plus à rejeter un greffon français qui viendrait remettre en cause les cadres d'analyse de la culture établis avec difficulté.

Et en ce qui concerne les « media studies », il règne un sentiment que ce domaine appartient aux chercheurs anglo-américains et que l'Europe continentale a acquis un retard considérable dans les sciences de l'information et de la communication (SIC). A entendre les spécialistes eux-mêmes, il faut croire

---

[7]   Régis Debray, *Les Masques*, Paris, Gallimard, 1987, p. 120.

que les SIC sont également en crise permanente en France et, par conséquent, ne se sont jamais institutionnalisées comme aux Etats-Unis. Il ne reste qu'à conclure sur ce point que cet ensemble de barrages, à la fois institutionnels et stratégiques, n'est pas favorable à une importation.

Et pour comble, Bourdieu semble être le seul intellectuel français de grand statut qui se soit quelque peu créé une réputation ces dernières années aux Etats-Unis. Or, celui-ci s'était par le passé déjà montré hostile à une sociologie des médias qui aurait pu contribuer au développement de « medias studies » en France, avant de réfuter, à son tour, la médiologie de façon aussi brève que violente dans son ouvrage *Sur la télévision*[8]. En bref, l'hégémonie bourdieusienne a certainement réduit le potentiel de promotion à l'étranger d'une pensée média française.

Parmi les causes endogènes, il faut, comme le reconnaît Debray lui-même, s'attarder sur sa célèbre biographie. Le thème des rendez-vous manqués – c'est également le titre d'un de ses ouvrages – traverse l'œuvre de Debray. A lire ses ouvrages autobiographiques mais aussi sa philosophie, Debray se présente volontiers comme l'homme des grands rendez-vous manqués : avec l'histoire, l'art, le cinéma, la littérature et … l'Amérique. Avant de s'attarder sur les péripéties américaines de Debray, et ensuite de la médiologie, arrêtons-nous un instant sur le rendez-vous manqué avec une histoire glorieuse qui mènerait à un destin qui ne le serait pas moins.

« La période était taille garçonnet », affirme Debray en parlant de son époque de jeunesse. « J'appartiens à une génération de série B, condamnée par un blanc de l'Histoire au pastiche des destins hors série qui nous ont précédés, raflant les premiers choix et nous laissant les doublures… »[9]. Les générations précédentes ont hérité des meilleurs rôles : « Les choses sérieuses, c'était hier : guerre d'Espagne, Résistance, guerre froide. Je désertais les âmes pour me consacrer à l'époque, quand elle me semblait infiniment moins digne d'être vécue que toutes les précédentes (sans exception et avec quelques préférences : début XIXe et entre-deux-guerres) »[10]. Debray déplore donc cette tardive naissance dans le siècle et semble, dirait-on, souffrir du « syndrome de Frédéric ». *Loués soient nos seigneurs*, l'ouvrage autobiographique qui exprime le mieux son désenchantement, tient d'ailleurs en épigraphe un long passage de *L'Education sentimentale*. Debray « rate » la guerre d'Espagne, la résistance et même Mai 68, quoiqu'avec une certaine satisfaction ex post facto. « [M]ais ne nous plaignons pas : c'était juste avant le tomber du rideau » ajoute-t-il, pessimiste, suite aux désillusions post-soixante-huitardes[11]. Pourquoi s'attarder sur ce mésalignement personnel avec l'Histoire ? Parce qu'à défaut de nobles

---

[8] Pierre Bourdieu, *Sur la télévision. Suivi de l'emprise du journalisme*, Paris, Liber, 1996, p. 58.
[9] Régis Debray, *Loués soient nos seigneurs. Une éducation politique*, Paris, Gallimard, 1996, p. 26.
[10] *Les Masques*, p. 156.
[11] *Loués soient nos seigneurs*, p. 28. Voir à ce sujet sa cinglante analyse de Mai 68, *Modeste contribution aux discours et cérémonies officielles du dixième anniversaire*, Paris, Maspero, 1978.

combats et de révolutions politiques, Debray devra se « contenter » de son époque, l'âge présent de révolution technologique et médiologique, entamé autour d'un Mai 68 d'inspiration marxiste, dont il a su tirer le plus grand parti dans le domaine de la philosophie. Mais également parce que ce désenchantement et cette nostalgie vont colorer la théorie médiologique. Et cette coloration sera primordiale dans la définition de l'insuccès de la médiologie en Amérique. Le monde entier s'en rend compte aujourd'hui avec l'aventurisme militaire américain, et cela vaut également pour le monde universitaire, les Etats-Unis sont un pays qui ne possède ni vitesse arrière, ni rétroviseur. C'est un pays qui va de l'avant, qui est pro-actif, comme on dit dans le monde des affaires, qui se pro-jette jusqu'à la limite de la pré-emption. En bref, il s'agit d'une culture qui ne se reconnaît pas dans le geste, si fondamental pour la médiologie, du regard rétrospectif et introspectif, de la mise en perspective historique du changement.

Si « manquer l'Histoire », avec un H majuscule, constitue certes le plus grand regret de Debray, du moins est-ce dû au destin de la date de naissance. En revanche, ses péripéties trans-américaines, qui figurent en filigrane dans toute son œuvre, résultent de partis pris. Les rapports de Debray à l'Amérique ont mal démarré. Lors de son premier voyage aux Etats-Unis, les présentations échouent et Debray prend la fuite - littéralement - vers le Sud plus hospitalier. Dans *Les Masques*, Debray évoque ses trois naissances au monde dont la première, à l'âge de 20 ans a lieu à New York : « J'étais seul et je naquis à la laideur cachée du monde… »[12]. Suit la brève description d'une Amérique déplaisante qui ne correspondait pas aux images mythiques des films hollywoodiens. Il mit ensuite le cap vers Cuba, la latinité, la joie de vivre laissant derrière lui le négatif du monde. La deuxième naissance de Debray se produit en 1964 à l'occasion d'un périple à travers l'Amérique latine. La découverte des mineurs de l'altiplano bolivien et de leur conditions de travail lamentables confirment le biais initial contre l'impérialisme économico-militaire américain. Debray a choisi son camp, celui de l'Amérique du Sud contre l'Amérique du Nord, pour finalement « renaître », plus tard, à la France en 1972 lors de son séjour au Chili : « J'étais français, et non latino-américain. M'en suis-je vraiment remis ? »[13].

Est-il alors étonnant que les trois naissances de Debray au monde fonctionnent dialectiqument: aux USA comme thèse de jeunesse toute faite de mythes véhiculés par les chromos d'Hollywood ; à l'Amérique du Sud et au castro-guévarisme comme antithèse ; à la France (Europe) et au républicanisme gaulliste comme synthèse.

Son engagement subséquent auprès de Castro et Che Guevara renforcera son antagonisme avec les Etats-Unis. L'affaire de son emprisonnement en Bolivie, la capture du Che et sa mort, ainsi que la présence et le rôle

---

[12]   *Les Masques*, p. 45.
[13]   *Ibid.*, p. 111. Debray fait également remarquer dans *Loués soient nos seigneurs* « [qu']il faut s'expatrier pour apprendre par le corps de quelle patrie l'on est pétri. », p. 303.

importants de la CIA, qui classera Debray comme terroriste dangereux sur sa liste noire, aboutiront à son exclusion pendant 20 ans du territoire américain. Ce n'est qu'à la faveur de ses offices en tant que conseiller du président de la République sous François Mitterrand que Debray pourra enfin remettre les pieds outre-Atlantique. Les rapports avec l'Amérique se sont cependant peu arrangés avec le temps. Dès sa désignation par Mitterrand, « Washington fit savoir son courroux, sans ménagements »[14]. Plus tard, Debray racontera volontiers ses récentes visites d'ordre professionnel aux Etats-Unis qui débutent invariablement par un fastidieux interrogatoire par les services d'immigration[15].

Assez bizarrement, le désengagement politique de Debray qui fait suite à ses péripéties latino-américaines lui coûteront vis-à-vis de l'Amérique autant que l'activisme qui l'avait initialement exclu. Les « zig-zags du décroire »[16] et l'expulsion du politique qui mènent Debray à développer et définir sa méthode médiologique correspondent peu, une fois de plus, à la mentalité universitaire américaine. « [P]lus soucieux du 'comment ça marche ?' que du 'qu'est-ce que ça veut dire ?', j'ai finalement abandonné le souci belliqueux au terme d'une ultime rechute, en France, pour la curiosité technique. Le *pourquoi du comment*, je l'ai appelé médiologie, et je m'en tiens là »[17]. Voilà, comme le récent échange entre Debray et Jean Bricmont l'atteste[18], qui situe la médiologie en porte à faux avec le caractère engagé du monde universitaire américain (lequel contraste furieusement avec l'angélisme politique de la société qui l'entoure) où les rapports de force et notions de classe, de race, de sexe dominent le discours intellectuel.

    Aux Etats-Unis, pour les rares personnes qui se souviennent de Debray comme d'un jeune radical castro-guévariste des années 60, il apparaît étonnant de le voir aujourd'hui à la tête d'une entreprise intellectuelle à la fois aussi ambitieuse et éloignée du souvenir qu'ils possèdent de lui. Ensuite, il est souvent perçu, à tort, comme un apostat de l'esprit des années 60 qui se serait transformé en intellectuel médiatique, doublé du « détachement combatif » qu'il admire tant chez certains de ses héros intellectuels et politiques[19]. Cette image fut récemment renforcée aux Etats-Unis par le débat qu'a provoqué la lettre ouverte de Debray au président de la République au retour d'une visite au Kosovo durant le conflit en ex-Yougoslavie.

    En outre, la réputation de Debray en France est celle d'un radical-républicain intransigeant qui s'oppose par principe, tout en reconnaissant parfois leur vertu et réalité pratiques, à des réformes sociales et politiques en général bien vues par le milieu universitaire américain. Je pense notamment à la suppression du service militaire, au PACS, à la parité, au port du voile

---

[14]   *Ibid.*, *Les Masques* p. 190.

[15]   *Par Amour*, pp. 303-307.

[16]   *Loués soient nos seigneurs*, p. 226.

[17]   *Ibid.*, p. 272.

[18]   Régis Debray et Jean Bricmont, *A l'ombre des Lumières. Débat entre un philosophe et un scientifique*, Paris, Odile Jacob, 2003.

[19]   *Loués soient nos seigneurs*, p. 547.

islamique et à la construction de l'Europe. Debray est souvent perçu comme un intellectuel français « traditionnel », à la posture supérieure et élitiste, miné par le désenchantement et grand manieur d'(auto)-ironie comme stratégie de sortie à tout problème. Cela fait sans nul doute trop « vieille France » et républicanisme désuet pour un milieu universitaire américain acquis au communautarisme multiculturaliste.

Mais le *doctus orator* reste également le principal théoricien de la médiologie. Ecrivain à l'immense talent, la qualité de son oeuvre, intimidante diront certains, pourrait nuire à la fortune de la médiologie pourtant promue comme sport d'équipe, par opposition au sport de combat bourdieusien. Et le magistral ouvrage de Debray sur Dieu qui remporta un grand succès pourrait renforcer l'impression persistante que la médiologie ne peut être appliquée de façon aussi convaincante que par son initiateur. Il y a là matière à réflexion pour l'équipe médiologique qui, de toute évidence à lire Daniel Bougnoux et Louise Merzeau, tente, certes avec difficulté, de définir des voies nouvelles qui pourraient à l'occasion être plus en synchronie avec les USA.

Certes, la médiologie comporte des éléments intrinsèques qui ne facilitent pas le processus d'importation par les Etats-Unis. A commencer par le terme lui-même, à la fois savamment choisi et si sybillin, de « médiologie ». Voilà bien une étymologie, pourtant maintes fois explicitées, qui sème la confusion même en France. Combien de fois n'a-t-on entendu, non seulement dans les médias mais également dans les cercles universitaires, la médiologie qualifiée de « critique des médias » ou, pire, de « science des médias » ! La relative confusion, en traversant l'Atlantique, tourne carrément à l'incompréhension. Pour preuve, *Manifestes médiologiques*, l'ouvrage de Debray qui a créé le plus grand retentissement et qui est également le plus lu aux Etats-Unis, fut fâcheusement traduit par *Media Manifestos*. La médiologie se doit de se poser ici impérativement la question de l'efficacité de transmission de ses propres concepts.

Remarquons également que le malentendu entre médio et média dénote, involontairement peut-être, une tension à l'intérieur même de la discipline. Tension entre les tenants d'une médiologie qui devrait se limiter au « comment ça marche » et avocats d'une médiologie qui s'engagerait également dans une critique, voire une sociologie des médias. Ce malaise se prolonge – et se discute allègrement selon les règles d'un sport d'équipe – notamment à travers l'opposition de la médiologie à la communication et la ligne de partage établies entre « communiquer » et « transmettre », pour ne reprendre que deux questions qui s'appréhendent de façon différente dans les cercles universitaires américains[20]. Ces débats de famille plongent les « media studies », présumé importateur, dans des abîmes de circonspection face à une discipline qui fait de

---

[20]   Voir à ce sujet les actes du colloque de Cerisy (juin 2000) consacré à la binarité « Communiquer/Transmettre ». *Les Cahiers de médiologie*, coordonné par Françoise Gaillard et Daniel Bougnoux, No 11, avril 2001, Paris, Gallimard. Voir également l'échange de lettres entre Debray et Bougnoux publié dans *Les Cahiers de médiologie*, No 6, novembre 1998, pp. 292-293.

plus en plus figure d'objet non identifiable. Le malentendu s'approfondit quand les « media studies » manifestent une fascination pour le consommateur (atomisation post-moderne oblige), tandis la médiologie penche plutôt pour le citoyen et le bien commun, un domaine de moins en moins étudié aux Etats-Unis et pris en charge par les sciences politiques ou la sociologie de la culture.

La difficulté aux Etats-Unis à dire exactement à quoi ressemble la médiologie provient du fait que Debray et son équipe procèdent à un remodelage perpétuel de la théorie. Il s'agit d'une approche sans cesse réécrite qui possède un caractère littéraire ou même essayiste et n'affiche aucune prétention scientifique. La plasticité de la méthode, en soi une qualité, lui cause préjudice parce qu'elle est volontiers vue comme un manque de conceptualisation, et par conséquent, de sérieux méthodologique. Debray propose une méthode flottante qui s'adapte, se redéfinit et s'applique selon l'objet d'analyse. D'un autre côté, on pourrait arguer que la médiologie souffre de l'intransigeance de Debray vis-à-vis de la sociologie des médias dont il veut se démarquer. Après tout, afin de contrer les critiques potentielles, les médiologues ont-ils raison d'affirmer, du moins en France, que la médiologie ne prétend en aucun cas à devenir une énième théorie ou une pratique scientifique, mais plus modestement un biais, une tournure d'esprit, à la limite une méthode.

L'interdisciplinarité inhérente à la médiologie devrait constituer un atout surtout aux Etats-Unis mais, même dans ses universités plus souples qu'en Europe, le cloisonnement institutionnel n'offre que peu de portes d'entrée à la médiologie. La médiologie n'est à proprement parler ni de l'histoire, ni de la philosophie, du moins aux Etats-Unis, ni de la communication mais un peu tout à la fois puisque ses analyses transversales exigent des connaissances multiples. L'essence même de la médiologie est de transcender les disciplines, d'opérer une coupe transversale dans les pratiques existantes, de créer une connectivité nouvelle d'éléments anciens et parfois même trop connus. La médiologie bouscule le champ intellectuel organisé. Les nouveaux médiologues sont tous quelque chose d'autre avant d'entrer en médiologie: historien, spécialiste en communication, critiques littéraires…etc. Suite à ce dynamitage des disciplines, la médiologie ne bénéficie d'aucun ancrage suffisant pour asseoir sa pratique. Hésitant à s'ériger en discipline, ou à cause de son impossibilité à s'imposer en véritable discipline, elle est finalement perçue comme manquant elle-même de discipline. Ni vraiment politique, ni complètement dévolue à l'étude de la technique, la médiologie fait figure d'un « ni-ni » assis dans un entre-deux défini en France, d'une part, par la critique des médias d'inspiration bourdieusienne et, d'autre part, par des techno-théoriciens.

Si, par contre, la médiologie se présente aux Etats-Unis comme une théorie matérielle de la culture, l'obstruction prend une autre tournure par le biais des « cultural studies » anglaises, inspirées des études de Raymond Williams et Edward P. Thompson, qui ont grandement influencé le monde universitaire américain. Et dans ce cas, elle ne fait pas nouveauté. A l'instar de Williams et Thompson, la médiologie analyse les médiations de type culturel contre la vision mécaniste (infrastructure > superstructure) de la théorie marxiste qui, elle, les ignore. Aussi bien la médiologie que les « cultural studies » prennent pour point de départ le même foyer culturel marxiste pour ensuite le dépasser, tout en notant que le marxisme a remarquablement échoué à élaborer une théorie de l'efficacité symbolique, y compris la sienne propre. La médiologie de Debray, tout comme la réflexion de Williams et Thompson s'élabore à partir d'un silence de Marx. S'ensuivent les mêmes influences, avec entre autres, la relecture althussérienne de Marx et l'influence de l'école de Frankfort. Qu'on en juge par la place de choix accordée à Walter Benjamin dans le panthéon médiologique.

Au fond, et cela ne va pas sans ironie, le problème est que la médiologie se présente comme un produit hybride issu d'une pensée typique-ment française mais traversée de culture et pragmatisme anglo-saxons. La « French theory », si française disait-on aux States, des années soixante-dix à quatre-vingt a su séduire par son exotisme. La médiologie, en revanche, pêche par son éclectisme de concepts, par la « diagonale du fou » qu'elle opère, qui la sort du confinement de la pensée française, et brouille en fin de compte les repères du lecteur américain. A la fois trop *frenchy* et pas assez française, à la fois inédite et « déjà-vu » (comme dit l'anglais), la médiologie déroute.

La médiologie comme théorie générale explicative de l'efficacité sym-bolique ressemble trop pour l'Amérique à un grand récit, même s'il n'en est rien. Le fond philosophique (ou théorique) de la médiologie peu prisé à l'heure actuelle et sa prédilection pour des objets d'analyse ambitieux tels que le marxisme ou le monothéisme, semblent réactiver les notions d'universalisme et de grand récits qui n'ont plus bonne presse depuis longtemps outre-Atlantique. Quoi qu'il en soit, la médiologie fait trop réponse à tout, se présente en grande théorie de la culture, ou en une sorte d'anthropologie générale puisqu'il est vrai que dans le fond Debray est obnubilé par la recherche des invariants dans l'organisation des sociétés humaines. Sa vue d'ensemble, macroscopique dirons-nous, éveille la suspicion. A force de jeter un regard de presbyte, la médiologie prend les autres praticiens pour des myopes et se situe à contre-courant de la tendance actuelle en recherche qui privilégie le détail et la micro-analyse et se méfie des grands récits.

La méthode médiologique, et je m'appuie une fois de plus sur la pratique de Debray, repose initialement sur un questionnement inspiré d'un geste rétrospectif. La médiologie est fondée sur l'étonnement, le choc, même, face à l'émergence de nouveaux modes de transmission et de la mise en place de nouvelles structures de transmission comme par exemple le « réseau ». Le travail intellectuel du médiologue se caractérise par un regard en arrière, non pas nécessairement par passéisme ou par élan nostalgique, mais à des fins comparatives. Répétons-le, la mise en perspective historique, l'épreuve du temps long de l'histoire est pour la médiologie fondamental ; alors que s'est opéré récemment un « tournant générationnel » dans les études culturelles anglo-américaines avec l'émergence de jeunes chercheurs socialisés et formés intellectuellement à l'âge de l'audiovisuel, ou de la vidéosphère comme dirait le médiologue. Il en résulte que la tendance présentiste des « media studies » s'en voit accentuée, et qu'un penchant pour le passé constitue pour ces protagonistes au pire une « perte de temps », au mieux une érudition désuète. En bref, le mode de pensée et la pratique analytique de la médiologie sont peu prisés aux Etats-Unis à l'heure actuelle. Ainsi, la proposition de la médiologie est peu emballante pour des chercheurs aux Etats-Unis qui privilégient les nouveaux médias et les nouvelles technologies comme objets d'études - et qui préfèrent s'adonner au jeu des projections futuristes plutôt que de revenir sur un passé qui, par ailleurs, est souvent européen. Ici encore, le syndrome de la « vieille Europe » sera évoqué. Signalons, pour être juste, que l'équipe médiologique comporte des membres résolument portés vers les nouvelles technologies. Mais à part l'un ou l'autre article, on attend avec impatience une œuvre d'envergure comme alternative à la pratique de la médiologie façon Debray.

La question de la transmission soulevée par la médiologie aboutit souvent à des considérations sur la conservation, la préservation d'une culture nationale, sinon d'une civilisation en relation à l'extra-territorialité des images mondialement projetées et de leurs effets homogénéisants. Phénomène qui se trouve d'ailleurs au centre du débat sur l'exception culturelle qui oppose les Etats-Unis et la France. Encore une fois, voilà une question qui interpelle peu les spécialistes américains face à une culture portée vers l'exportation et dont la supposée non-territorialité, vue de l'Amérique, ne suscite pas d'aussi grandes inquiétudes qu'en France. La médiologie est essentiellement, du moins en ce qui concerne Debray, un travail de conservateur, dans le sens conservateur de musée. De conservateur à conservatisme, ou néo-conservatisme, surtout si on y ajoute certaines prises de position politiques de Debray, voilà un ensemble peu attractif pour un monde académico-intellectuel américain qui a plutôt tendance à importer des idées dites « progressistes ». On comprendra alors que la médiologie soit parfois considérée comme une émanation franco-française ou typique d'un certain conservatisme élitiste, et donc, comme un article difficilement exportable du particularisme français.

Debray au retour du Chili se lamentait de « l'embêtement d'avoir un nom avant d'avoir une œuvre »[21]. Depuis, Debray s'est merveilleusement tiré d'affaire et personne en France ne l'accuserait sérieusement d'une telle forfaiture, par ailleurs devenue pratique courante dans un monde de faux-intellectualisme médiatisé, où le nom précède nécessairement l'oeuvre. C'est néanmoins ce scénario adapté qui se rejoue aux Etats-Unis à l'heure actuelle avec la médiologie qui semble toujours dominée par le souvenir d'un Debray castro-guévariste.

Sans doute, l'anthropologie politique qui sous-tend la médiologie fait trop *frenchy* au pays de l'oncle Sam. Affaire de tropisme. « Le Français trop français, l'arrogant circonspect »[22] et sa théorie du « tenir-ensemble » ont peu

---

[21] *Les Masques*, p. 167.
[22] *Ibid.*, p. 27.

de chances de faire recette au pays de l'individualisme libéral. Que l'axiome d'incomplétude fasse de Debray le Newton des sciences politiques et religieuses, le monde universitaire américain n'en a cure tant il a appris à se méfier, à l'excès peut-être, de tout ce qui ressemble de près ou de loin à une grande idée explicative. Le « besogneux de l'universel » n'est pas le bienvenu aux Etats-Unis en ces temps de différentialisme exacerbé.

Sans doute n'est-ce pas d'arrogance qu'il s'agit ici mais plutôt de stratégie. La médiologie s'est conceptualisée, d'une part, sur des lacunes propres au monde universitaire français et, d'autre part, pour tirer profit des interstices disciplinaires particuliers à ce système. Tout comme les « cultural studies » de conception anglo-américaine ont le plus grand mal à s'implanter dans la configuration universitaire latine, et française en particulier, les chances de la médiologie de créer des interfaces avec le monde académique américain paraissent pour le moment restreintes par des cadres d'analyse culturelle différents, sinon divergents. Et pourtant, la médiologie offrirait un modèle de connexions interdisciplinaires productif qui fait largement défaut non seulement dans les études culturelles actuelles d'où qu'elles viennent mais également sur tous les territoires universitaires.

Jeffrey Mehlman, Boston University

DU TOURNANT NEO-CONSERVATEUR DANS LA PENSEE FRANÇAISE : REFLEXIONS D'UN AMI AMERICAIN[1]

Quand j'ai soumis un titre pour ce colloque il y a environ un an[2], je n'avais aucune idée des deux développements qui se tramaient en coulisse, et sur lesquels je vais revenir dans un instant. J'avais prévu de parler des trois écrivains qui, de façon empirique et presque viscérale comme j'ai pu m'en apecevoir plus tard, étaient ceux dont j'avais le plus envie de lire les derniers ouvrages parus à chacune de mes visites en France. Et ceci parce que leurs livres contiennent invariablement ce lot de surprises qui reste, je crois ce qui fait revenir bon nombre d'entre nous en France (et au français). Ces trois auteurs sont Régis Debray, Alain Finkielkraut et Pierre-André Taguieff. En mettant ces noms ensemble, la meilleure étiquette qui m'était venue à l'idée était l'expression de Jacques Julliard à leur égard, vieille de dix ans déjà : « réactionnaires de gauche »[3].

Tout se passait comme si la seule chose qu'ils aient retenu de Marx était que la bourgeoisie, dans son dynamisme, était intrinsèquement révolution-naire, tout comme Marx n'a jamais cessé de le répéter, mais non moins marquée négativement pour autant. Et c'était tout ! La révolution proléta-rienne ? Hélas, un doux rêve, plutôt aigre dans ses séquelles d'ailleurs. Et étant donné ce que le progrès – progrès révolutionnaire qui plus est – est devenu (turbo-capitalisme, mondialisation et intégration européenne), ce qui restait du radicalisme de ces trois écrivains commençait à sonner de plus en plus anti-progressiste et même, pour certains, « réactionnaire ». Ce sentiment est sans doute le plus prononcé dans leur allergie à la fadeur envahissante de la nouvelle Europe. Par exemple, la Suisse d'aujourd'hui avec son déclin rapide de l'usage des langues nationales et la montée concomitante d'un anglais d'aéroport rudimentaire sur le web, ainsi que des dialectes locaux dans les cantons, constitue l'un des cauchemars récurrents de Finkielkraut. Une telle éclipse, se

---

[1] Communication à la séance plénière du colloque sur les études françaises du vingtième siècle à l'université d'état de l'Illinois à Urbana le 29 mars 2003. Traduction de Stéphane Spoiden.

[2] En 2002.

[3] Notons au passage le récent ouvrage de Régis Debray qui discute précisément de cette caractérisation de réactionnaire de gauche et qui opte plutôt (autre manière de carrer le cercle) pour « progressiste sans optimisme ». Régis Debray, *Supplique aux nouveaux progressistes du XXIe siècle*, Paris, Gallimard, 2006 (NDT).

demande-t-il, se profilerait-elle à l'horizon pour la France elle-même[4] ? De son côté, Debray a décrit avec éloquence la vacuité exemplaire de l'iconographie de l'euro : des ponts génériques ne reliant aucuns pays en particulier, l'absence de visages sur les billets afin d'éviter tout attachement à une tradition reconnue… Ces billets, suggère-t-il, ne seraient-ils pas déjà une liquidation des cultures nationales, et donc, pour ainsi dire, de l'histoire européenne[5] ? On a d'ailleurs l'impression que cette allergie à la nouvelle Europe a quelque chose à voir avec un attachement aux raffinements et aux aspects les plus piquants de la prose française. Ce qui, bien sûr, devrait constituer en soi un sujet de préoccupation pour un groupe tel que le nôtre.

J'ai mentionné plus haut deux développements surprenants qui eurent lieu après avoir remis mon sujet d'allocution. Le premier fut de voir que la tendance « réactionnaire de gauche » que j'essayais de définir de mon côté était devenue le thème d'un quelconque best-seller polémique, *Le Rappel à l'ordre : Enquête sur les nouveaux réactionnaires* de Lindenberg[6]. Notons au passage que l'énigmatique « réactionnaires de gauche » de Julliard s'était transformé en un plus plat « nouveaux réactionnaires ». Insensible au talent et à l'excentricité de bon nombre de ceux qu'il attaquait, Lindenberg, un idéologue de l'aile jospiniste dépitée du parti socialiste, lançait son propre rappel à l'ordre idéologique, c'est-à-dire progressiste. Comme l'a signalé un bel esprit, son message semblait être : « Vive la marchandise ! Baudelaire au trou ! »[7]. La référence à Baudelaire, et à ce qui est devenu au dix-neuvième siècle, sous le nom de décadence, une avant-garde anti-progressiste, est remarquablement appropriée. Le fait que les trois auteurs qui m'intéressent ici se présentent idéologiquement à rebours de leur époque (et quoi de plus idéologiquement problématique qu'une avant-garde anti-progressiste ?) me paraît d'autant plus cruciale étant donné leur réussite sur le plan imaginaire et même, dans le meilleurs des cas, sur le plan esthétique. Tous des *mécontemporains* (pour reprendre le terme de Finkielkraut à propos de Péguy), merveilleusement déphasés par rapport au consensus[8]. Est-il donc surprenant que chacun d'entre eux ait eu sa dispute explosive avec *Le Monde* ?

J'ai mentionné un second développement surprenant entre le moment de mon choix de sujet et mon exposé d'aujourd'hui. Celui-ci est plus personnel mais néanmoins non dépourvu de ramifications publiques. Je m'étais résolu à écrire sur Régis Debray – et celui-ci sera désormais l'objet principal de mon commentaire – quand je reçus un appel téléphonique du *New York Times*. Debray avait écrit un article sur le conflit franco-américain à propos de l'Irak et on me demandait de le traduire (pour ne rien cacher : Régis Debray est devenu

---

4   Alain Finkielkraut et Edwy Plenel, *La Nation à l'épreuve*, Genève, Tricorne, 2000, p. 45.
5   Régis Debray, *Le Code et le glaive. Après l'Europe, la nation ?*, Paris, Albin Michel, 1999, pp. 113-114.
6   Paris, Seuil, 2002.
7   Jacques-Alain Miller, « Les Aventures de la chasse aux 'nouveaux réacs' », *Marianne*, 293, 2-8 décembre 2002, p. 19.
8   Alain Finkielkraut, *Le Mécontemporain*, Paris, Gallimard, 1991.

un ami et j'ai eu grand plaisir à traduire son livre *Dieu. Un itinéraire* sous le titre quelque peu malicieux – et finalement jugé trop allusif par l'éditeur – de *The God That Prevailed*[9]. J'acceptai de faire la traduction, que certains d'entre vous auront vue, sous le titre de « The French Lesson » dans l'édition du dimanche 23 février 2003 du *New York Times*. Le titre, faut-il dire, fut imposé par le *Times*. Sous prétexte qu'il perdrait d'emblée ses lecteurs et lectrices féministes, j'avais itinialement convaincu Debray de changer le titre original, « S'il vous plaît, pas d'hystérie ! », en « Less hysteria, please… ». Mais toujours est-il que le *Times* transforma le sujet d'hystérie américaine en arrogance française. Ce ne fut que l'une des surprises qui ressortit de l'observation de Debray, plongé dans le medium déformant du journalisme. Et l'une de mes remarques d'aujourd'hui portera sur ma propre expérience de cette distorsion, ainsi que sur la tempête de commentaires qui s'ensuivit sur le web. Anticipons quelque peu : le résultat de l'article de Debray, tel qu'il apparut dans le *Times*, fut de provoquer une véritable explosion de commentaires gallophobes, de la part de nombreux aspirants Céline de l'internet, dont certains n'étaient pas dépourvus de génie rhétorique. L'inquiétant dans cette histoire est que si tant de fureur anti-française s'exprime en de si nombreuses et mémorables formulations, les dégâts pourraient bien être définitifs… Mais j'anticipe !

Commençons donc par examiner les contours de la carrière de Debray écrivain. Debray la résume lui-même en une belle phrase que l'on trouve dans ce qui constitue peut-être son meilleur livre, le second volume (de la trilogie) de ses mémoires, intitulé *Loués soient nos seigneurs*. Ce qu'il tente de relater, comme il le dit bien, ce sont « les zigzags du décroire »[10]. Son thème n'est pas tant la passion politique, qui l'aura transformé en icône des années 60, que la gangrène prolongée du « désamour ». Ce serait dépasser le cadre de cet essai que de passer en revue la légende qui a occasionnellement confiné Debray, à tort selon lui, dans le rôle du Malraux de sa génération : les années passées avec Castro, Che Guevara et ensuite François Mitterrand, dont il était à la fois la plume et le conseiller, se sont à chaque fois terminées par des désillusions relatées de façon mémorable. Il y a un jeu de mots involontaire dans le premier volume de sa trilogie qui mériterait chez Debray le statut de devise. L'auteur fait référence à « l'instant panique du débrayage intime », un moment, écrit-il, qui peut durer une vie entière[11]. Et oui, on a envie de dire justement : « Debray, c'est celui qui débraye, qui a le génie (ou le vice) du débrayage ». On touche ici à l'attrait profond que suscite l'œuvre de Debray pour de nombreux spécialistes américains de la culture française de ma génération. Car rien ne pourrait être plus attrayant pour une génération de « francophiles convalescents », comme l'un d'entre eux nous a désignés, que les écrits de ce parfait virtuose du désengagement. D'ailleurs si l'on considère ce en *faveur* de quoi Debray s'est désengagé, à savoir une vision gaulliste-de-gauche de la France, cet attrait, au

9   Londres et New York, Verso Books, 2004.
10   *Loués soient nos seigneurs. Une éducation politique*, Paris, Gallimard, 1996, p. 226.
11   *Les Masques*, Paris, Gallimard, 1987, p. 89.

risque de notre propre mauvaise foi, se voit redoublé. Car chez un Debray souffrant, comme il le dit dans ses mémoires, « d'un tel manque de francitude », on trouve à la fois le désengagement *et* (au cas où on se tromperait, ou ne pourrait pas tout à fait assurer les coûts de l'opération de liquidation) la possibilité inattendue de retenir ce qu'on voulait prétendument tenir à distance : à savoir, l'une des proses les plus profondément – ou intraduisiblement – françaises qui soit.

Revenons au *débrayage* : poussons cette volonté de désengagement jusqu'à sa limite et, bientôt, certains commenceront à parler de trahison. Nous touchons ici à la légende noire du Régis Debray politique, poursuivi d'accusations, injustes à mon sens, de la part de loyalistes castristes qui le tiennent responsable de la capture de Che Guevara…. Bien plus intéressante dans ce contexte est l'extravagante illustration de désengagement que constitue son dernier roman, une affaire épistolaire intitulée *L'Edit de Caracalla*, publié à titre pseudonyme sous le nom de Xavier de C***[12]. Le texte consiste en une lettre imaginaire de Xavier de C, diplomate français de haut rang, à son ami Régis Debray. Dans cette lettre, il explique que, fatigué de faire des commissions sans grande importance pour l'empire américain – car c'est à cela que se résume son travail – il a décidé de devenir citoyen américain, avec l'espoir, si tout marche bien, d'accomplir pour les « policy studies » américaines ce que fit Derrida en son temps pour les études littéraires du pays. Et, venant de celui qui a souvent été considéré comme le Français anti-américain par excellence, l'argument est exposé avec un tel brio que la réponse à la missive de Xavier de C, d'un certain « Régis Debray » en postface, apparaît bien pâle et inefficace en comparaison. Désengagement radical, si on veut, comme forme de trahison…

Que cette référence à la traîtrise serve de transition à l'inévitable trahison de la traduction, et plus précisément au travail que j'avais accepté pour le *New York Times*. L'un des arguments de Debray était que la France possédait des intérêts géostratégiques différents de ceux des Etats-Unis. Les banlieues, les *barrios* de l'Amérique, suggère-t-il, prient la Virgen de Guadalupe, tandis que les banlieues de France vénèrent Allah. Telle est la raison pour laquelle on ne pouvait pas plus s'attendre à ce que la France soutienne les Etats-Unis dans son projet de bombarder Baghdad que d'espérer voir Washington soutenir Paris si la France décidait d'attaquer Caracas. Ceux qui ont lu l'article dans le *Times* ne se souviendront ni de la Virgen de Guadalupe ni de Caracas pour la simple raison qu'ils furent tous deux coupés en dernière minute, soi-disant pour raison de place par le *Times*. Les lecteurs de l'article ne se souviendront pas non plus de ce qui suit. En poursuivant ses intérêts géostratégiques, nous dit Debray, la France peut être vue comme inhospitalière, avare, ou nostalgique. « Mais pas particulièrement antisémite. Les Français ont sauvé pendant la guerre, en proportion, plus de Juifs que les autres pays occupés ». Je dois admettre que j'ai pâli quand j'ai lu ce dernier passage. Non pas parce que

---

12   Xavier de C***, *L'Edit de Caracalla ou plaidoyer pour des Etats-Unis d'Occident*, traduit de l'anglais (américain), et suivi d'une épitaphe par Régis Debray, Paris, Fayard, 2002.

c'est faux. Je pense que la France n'est pas à l'heure actuelle un pays antisémite, ni « un pays particulièrement antisémite », et il est vrai que seulement 26% des Juifs de France furent tués pendant la guerre, comparé à 89% aux Pays-Bas et 55% en Belgique. Mais je savais qu'invoquer ces chiffres constituait la manœuvre exemplaire des défenseurs du régime de Vichy. Ces statistiques sont souvent citées sans référence au fait que la France fut le seul pays occupé à promulguer ses propres mesures anti-juives qui, bien que non meurtrières ou « éliminationnistes », étaient catégoriquement antisémites. En outre, citer ces chiffres hors contexte revenait à expédier un peu vite le fait que, par rapport aux Pays-Bas, c'était sans doute la géographie du pays, autant que tout autre élément, qui avait sauvé tant de Juifs en France. Je cite moi-même les statistiques du livre d'un des plus rusés des défenseurs de Vichy, Alfred Fabre-Luce[13]. En somme, pour le Juif et auteur d'un livre sur les « legs de l'antisé-mitisme en France » que je suis, avoir à traduire la phrase de Debray comme elle apparaissait aurait conféré un sens nouveau à l'expression *Traduttore traditore*…

Ce fut l'amitié qui me tira de cette affaire. Peu après avoir été informé par le *Times* que j'avais accepté de traduire son article, Debray m'envoya un courriel disant qu'il pouvait à peine imaginer ma tête, ma *gueule*, quand j'ai lu la phrase sur l'antisémitisme. Je lui envoyai dare-dare mes réserves exposées plus haut, et suivant ma suggestion, la formulation suivante fut agréée : « Mais pas particulièrement antisémite comme de nombreux sondages l'attestent, et ce en dépit des retombées du conflit du Proche-Orient dans certaines de nos banlieues ». Ceux d'entre vous qui n'ont aucun souvenir de ces lignes dans le *Times* ne doivent pas mettre leur mémoire en doute. Le passage fut une fois de plus, soi-disant pour des raisons de place, supprimé en dernière minute par un éditeur. Mais ce qui demeure quelque peu émoustillant, c'est le statut même de la phrase, et précisément l'effort du traducteur ou de l'interprète, permettant à l'auteur de dire ce qu'il cherche à dire ici que la France n'est pas à l'heure actuelle un pays antisémite sans tomber involontairement dans le piège d'une défense subreptice de Vichy.

Mon intervention auprès de l'auteur – à propos d'une France « pas particulièrement antisémite » – semble cependant d'une certaine façon mineure comparée à la situation quelque peu étourdissante dans laquelle je me suis retrouvé le vendredi soir avant que l'article ne soit envoyé sous presse. C'est à ce moment, alors que l'auteur dormait tranquillement à Paris, que je reçus la version finale de l'article, coupé et réarrangé à souhait pour des raisons de place et suivant les objections de dernière minute d'un *senior editor*, me dit-on. Etait-ce la mention d'un hypothétique bombardement français de Caracas qui l'aurait affolé ? Toutefois, tandis que j'étais au téléphone avec l'éditrice, il était clair que je jouissais néanmoins d'un certain pouvoir de réintégrer certains passages, et même de réécrire ce qu'elle voulait bien laisser à ma décision. De son point de vue, la lisibilité primait. Du mien, ce qui comptait était de

---

13   *Pour en finir avec l'antisémitisme*, Paris, Julliard, 1979, p. 77.

réinjecter dans le texte en anglais ce qui paraissait le plus idiosyncratique dans la position de Debray, même s'il fallait accepter un certain nombre de coupures et réarrangements que le révéré *senior editor*, avec qui je n'ai eu aucun contact, avait imposé. Je dois dire que je ressentis un certain étourdissement en jaugeant soudainement mes quinze minutes de pouvoir relatif sur le texte de Debray, ainsi que sur la page éditoriale du *Times*. Mais il s'agissait d'un étourdissement qui n'était pas sans rapport à celui que nombre d'entre nous ont ressenti en tant que critiques littéraires : se trouver face à une « croix » du texte, investir une figure « matricielle » à partir de laquelle on ressent un contrôle croissant sur l'écrit ou sur la réécriture potentielle (à des fins nouvelles) de l'ouvrage en question.

Curieusement, on observe également à un moment crucial des mémoires de Debray cet étrange sentiment d'incertitude, entre soumission et maîtrise, face à un texte donné. Durant ses années passées comme rédacteur de discours pour Mitterrand, Debray confie qu'il y avait des moments où il n'était pas sûr de savoir s'il était le *porte-plume* du président, ou si le président était devenu son *porte-parole*. Qui était le « clone » (et qui le « client ») de qui, en vient-il presque à se demander[14] ?

« Qui s'était servi de qui, en somme? Moi, de mon porte-voix pour faire passer le message ? Ou lui, de son porte-plume, pour faire du bruit avec la bouche – obligation protocolaire des démocrates à la parade? »[15]. L'impression était que depuis sa position de subordination, il inventait la pensée de Mitterrand, une situation, *toute proportion gardée*, qui n'était pas sans ressemblance à la mienne, face à l'échéance du *Times* ainsi qu'à une éditrice abusive, réinventant la pensée de Debray durant les quinze minutes qui m'étaient données pour le faire.

La relation de Debray à Mitterrand est bien sûr l'un des thèmes primordiaux de ses mémoires. Le *débrayage* le plus spectaculaire de la carrière de l'auteur est peut-être celui qui l'a vu se désengager vis-à-vis du Mitterrand européanisant à la faveur élégiaque d'une rencontre qu'il aurait pu avoir, si cela n'avait pas été trop tard, avec le Français qu'il admirait le plus : de Gaulle. De Gaulle contre Mitterrand : Debray en détaille l'opposition, toujours à l'avantage du premier – « l'audace contre la nuance », « l'impatient contre le tenace », littéralement Claudel contre Chardonne[16]. Bien avant le livre de Péan sur l'épisode pétainiste de la carrière de Mitterrand, à un moment où Debray supposait que les rumeurs vichystes qui poursuivaient Mitterrand n'étaient que les manœuvres vicieuses de l'ennemi de classe, il était néanmoins capable d'opposer de Gaulle à Mitterrand selon deux manières distinctes de lire Loyola : « l'intransigeance, pour sauver l'âme », que de Gaulle incarnait, et « l'habileté, pour sauver les meubles », qui constituait la vertu insigne de

---

14   *Loués soient nos seigneurs*, p. 325.
15   *Ibid.*, p. 280.
16   *A demain de Gaulle*, Paris, Gallimard, 1996, p. 136.

Mitterrand, mais qui correspondait également à la vertu exemplaire attribuée aux défenseurs de Pétain à Vichy[17].

Il serait difficile d'exagérer la vénération que Debray ressent sur le tard pour de Gaulle. Le ton en reste presque religieux : « De Gaulle me comble de bonheur. Il est si réconfortant d'imaginer qu'il a été vivant au milieu de nous »[18]. On pourrait même avancer que la meilleure lecture de la lettre ouverte de Debray au président de la République sur le Kosovo (ainsi que du scandale qu'elle a provoqué en 1999) toucherait au fait, toutefois discutable, que la meilleure analogie historique pour la crise du Kosovo n'était ni Hitler, ni le Vietnam, mais bien l'Algérie. Ce dont la Serbie aurait eu besoin, au lieu de Milosevic, c'était d'un de Gaulle capable de convaincre ses partisans de droite, même en les trompant, qu'il maintiendrait un territoire majoritairement musulman dans la métropole ne serait-ce que le temps de trouver le moyen d'extirper son pays d'une impossible impasse[19]. Ainsi l'affaire du Kosovo, pas moins que la carrière de Régis Debray, exigerait une lecture sous le signe d'un rendez-vous manqué avec de Gaulle.

Pour en revenir à Mitterrand, la meilleure image que Debray lui confère fut sans doute celle d'un bienveillant contrôleur de trains de province. Les Français dans le monde, tout comme la gauche en France, voyageaient en première classe avec des billets de seconde. Et quel était le rôle de Mitterrand, sinon celui du contrôleur indulgent qui promettait de ne pas faire d'histoire s'ils étaient tous d'accord de retourner au plus vite à leurs sièges de seconde[20]. Ce qu'ils firent. Depuis lors, on a entendu moultes versions de cette histoire ailleurs. *The Economist* de Londres a observé que la France jouait dans une division supérieure à ses talents depuis des années. (Ce à quoi l'on pourrait rétorquer que jouer dans une division supérieure – si, disons, Lacan a quelque peu raison à propos de ce qu'il appelle l'*imaginaire* – n'est pas une mauvaise description de la condition humaine : souvenons-nous de l'*affairement jubilatoire* du stade du miroir, la découverte, dans un miroir, que l'on peut se tenir debout avant de pouvoir le faire effectivement). Du point de vue de Debray, le péché de Mitterrand fut d'avoir interdit cette illusion rédemptrice sans l'ombre d'un regret, et sans la moindre idée, selon les termes de Debray, que « la politique devient chose sérieuse dès qu'elle mobilise l'imaginaire »[21]. Nous touchons ici à ce qui relie la « question nationale », la contre-proposition de Debray à la fadeur néo-européenne, à une préoccupation profondément conservatrice pour le passé. « L'essence d'une nation », dit-il, « c'est la nostalgie »[22]. De son côté, Finkielkraut a résumé une pensée similaire de façon admirablement succincte

---

[17] *Ibid.*, p. 138.
[18] *Ibid.*, p. 85.
[19] « Lettre d'un voyageur au président de la République », *Le Monde,* 13 mai 1999. Reproduit dans *Croyances de guerre: l'effet Kosovo,* in *Les Cahiers de médiologie,* 8, Paris, Gallimard, 1999, p. 198.
[20] *Loués soient nos seigneurs*, p. 340.
[21] *À demain de Gaulle*, p. 33.
[22] *Loués soient nos seigneurs*, p. 304.

dans le titre de son volume sur la modernité : *L'Ingratitude.* Tel serait sa manière
d'accéder à tout ce qui est en jeu dans le calembour heideggerien entre *denken*
et *danken*, penser et remercier. Finalement, si l'on devait isoler les enjeux
idéologiques de la discipline médiologique que Debray a créée, ce serait en
termes d'une pensée de la *transmission* (à travers le temps, entre générations, de
valeurs) contre la *communication* (à travers l'espace, entre individus, de l'information)[23]. Pour Debray, l'obsession communicationnelle de notre monde a
infligé des dégâts incalculables à sa capacité à transmettre. De tout ceci découle
le ton élégiaque qui traverse une bonne partie de ses écrits. Si l'on voulait
trouver un équivalent anglo-saxon à cette même préoccupation, on ne pourrait
faire mieux que de retenir Edmund Burke, qui objectait à Thomas Paine que le
véritable contrat social n'était pas entre les vivants mais entre les vivants, les
morts et les pas-encore-nés. L'ironie est de taille, quand on sait que Debray
passe parfois pour le plus jacobin des Français, mais également qu'il vit à Paris
dans un bâtiment autrefois occupé par Paine.

La volonté de transmettre des valeurs crucialement en péril, dans toute
leur précarité, est ce qui fait des mémoires de Debray une sorte de traité
implicite sur le *Bildungsroman* français. (C'est également ce qui fait de lui, dans
toute sa capacité allusive, un auteur diablement difficile à traduire : « l'allusion », un jour m'a-t-il écrit, « c'est ma plaie »). On entend, bien sûr, un écho
proustien quand, revenant sur sa décennie au service de Mitterrand, Debray se
demande comment il a pu consacrer dix ans de sa vie à un « suzerain qui n'était
pas [son] genre ». La passion politique, comme il l'affirme, constituait l'éro-
tisme propre du vingtième siècle[24]. Mais c'est Flaubert que l'on retrouve à un
niveau plus profond encore que Proust dans ses mémoires, et plus particulièrement le Flaubert de *L'Education sentimentale* dont Debray, fier de son
anachronisme, dit qu'il s'agit là du meilleur commentaire sur la génération
Mitterrand. Et là, nous en venons à une autre difficulté pour qui cherche à
présenter Debray aux Etats-Unis. A peu près au moment où Bourdieu offrait
son interprétation du roman de Flaubert en termes de l'échec exemplaire du
protagoniste à choisir entre valeurs bohémiennes et valeurs bourgeoises (représentées respectivement par Arnoux et Dambreuse), l'Amérique découvrait par
l'entremise du best-seller de David Brooks le dernier et exemplaire succès
américain, le « bobo », personnage qui réussit à combiner les valeurs bohémiennes des années 60 et les fortunes bourgeoises amassées durant les années
80 sous Reagan[25]. Et c'est donc ainsi qu'une fois de plus un échec français –
après le Canal de Panama, le courrier international par avion et, oui, la
Deuxième guerre mondiale – se voyait transformé en succès américain.

---

[23]   *Introduction à la médiologie*, Paris, P.U.F., 2000, « Plus que communiquer : transmettre », pp.
      1-9.
[24]   *Loués soient nos seigneurs*, p. 403.
[25]   Pierre Bourdieu, *Les Règles de l'art. Genèse et structure du champ littéraire*, Paris, Seuil, 1992.
      David Brooks, *Bobos in Paradise: The New Upper Class and How They Got There*, New York,
      Simon & Schuster, 2000.

Selon Debray, l'infamie de Mitterrand, son « nihilisme » radical, fut d'avoir fermé l'accès politique de la France à l'*imaginaire*. Tous ces voyageurs de seconde étaient priés de bien vouloir décamper de leurs sièges de première. Mitterrand était bien l'anti-de Gaulle. Arrêtons-nous un moment ici pour revenir à l'article que j'ai traduit pour le *Times* et faire deux commentaires :

1. « Quand Washington acceptera-t-il de compter jusqu'à trois ? De ne pas penser ou bien ceci ou bien cela, mais ceci *et* cela ? », demande Debray. Une critique assez juste de la pensée binaire, on en conviendra. Mais voyons à présent comment Debray décrit Mitterrand dans ses mémoires : « le *condottiere* centriste, le délicat méprisant, l'homme oblique [qui] désarme les antithèses, remplace le *ou* par le *et* »[26]. Donc, ce qui était mauvais pour Mitterrand serait bon pour l'Amérique. Sans mentionner les références à « de Gaulle le préemptif... »[27]. Ainsi ce qui était bon pour de Gaulle serait mauvais pour l'Amérique…

2. Sans doute cette oscillation entre le positif et le négatif devrait-elle nous rappeler qu'une telle spécularité constitue la limite de cet *imaginaire* sans lequel, *dixit* Debray, la politique manquerait de sérieux. Il serait peut-être opportun de faire appel ici à Lacan et rappeler la notion qui se trouve crucialement *au-delà* des dualismes illusoires de l'*imaginaire*, à savoir le *symbolique*, registre qui *comprendrait* l'autre. Et c'est vers cette dimension, au-delà du dualisme Mitterrand-de Gaulle, que je voudrais à présent me tourner pour y rechercher ce que j'ai nommé plus haut la croix ou nœud du texte à partir duquel l'écriture d'un ouvrage – et dans le cas qui nous préoccupe, l'*œuvre* entière de Debray – semble, pour ainsi dire, télécommandée.

Durant ce qui pourrait être appelé sa phase post- ou extra-révolutionnaire, Debray s'est en premier lieu fait remarquer en tant qu'essayiste avec le livre qui a lancé son projet médiologique, *Le Pouvoir intellectuel en France* (1979). Conçu sous le signe du Balzac des *Illusions perdues*, cet ouvrage proposait une surprenante sociologie de l'intelligentsia française, enracinée dans l'âge d'or qui avait vu l'émergence des premiers « intellectuels ». Cet âge d'or, qui correspond à la période de l'affaire Dreyfus, établissait une opposition qui est restée remarquablement durable dans les écrits de Debray. D'un côté, l'« intellectuel » dreyfusard, associé à l'université ; de l'autre, l'« écrivain » anti-dreyfusard, proche de l'Académie française. Il s'agit en somme d'une lecture résolument dreyfusarde de l'affaire, mais qui s'appuie assez peu sur l'anomalie que constitue Zola. Ici, brodée par la verve de Debray, on retrouve donc l'opposition : université « allemande » contre littérature « française » ; Sorbonne contre Académie ; la rue d'Ulm contre la rue Saint-Guillaume, collège contre salon, boursiers contre héritiers, etc. Et la victoire revint à chaque fois aux premiers, ce qui, en France, tendait à représenter la position minoritaire.

---

[26] *Loués soient nos seigneurs*, p. 337.
[27] *A demain de Gaulle*, p. 137.

Tout comme le Dreyfusisme, d'ailleurs. Dans sa version absolue, le jeu à somme nulle donnait ceci : « Quand le professeur décline, l'auteur remonte »[28].

   Laissons de côté la question de la validité de l'argument de Debray. Ce qui m'intéresse c'est l'utilisation de l'opposition comme critère de lecture de l'histoire intellectuelle française. La modernité de l'affaire Dreyfus repose, dira-t-on, sur l'alliance entre éminence littéraire et attrait de masse, le snobisme des salons et la propagande de la presse, tous ensemble unis contre la minorité à principes des professeurs dreyfusards. Et un demi-siècle plus tard, selon Debray, la même opposition aura toujours cours au moment de l'Occupation – quand l'honneur de la France dépendra de l'« université bourgeoise »[29]. On pourrait objecter que la division n'est pas aussi absolue que Debray veut bien le prétendre. Mais notre auteur recherchait des types idéaux. Au fond, écrit-il, un intellectuel de gauche est « un prof qui fait des livres » et un intellectuel de droite « un écrivain qui fait le prof »[30]. En outre, l'argument de Debray à propos de l'affaire Dreyfus était présenté comme modèle pessimiste pour le futur de la vie intellectuelle française. L'alliance vaincue entre salon littéraire et presse de masse pourrait très bien réapparaître victorieuse sous forme d'une complicité entre l'Académie française et la télévision par satellite, « qui ont partie liée »[31]. A ce moment précis, « y aura-t-il autre chose que du déshonneur ? », se demande Debray.

   L'argument, accompagné d'un sous-courant d'indignation, possédait un attrait remarquable quand il apparut à la fin des années 70. En effet, pour quiconque a pu observer, comme je l'ai fait, un aspirant guru français vider un remarquable département de lettres françaises aux Etats-Unis de tous ses professeurs, dans le but d'inviter des convives de France et de les combler de largesse dans l'espoir que, rentrés en France, ils alimentent la machine publicitaire qui assoirait son éminence, l'analyse de Debray semblait à l'époque, et semble toujours, d'une rare justesse. Mais ce qu'il faut surtout retenir c'est que, bien que Debray ait continué durant toutes ces années à faire de l'opposition entre intellectuel et écrivain l'axe de sa pensée – « cette ligne frontière dont le pointillé nous traverse encore »[32] –, les pôles positifs et négatifs ont changé de position. Ainsi ses mémoires se terminent par un « pèlerinage » chez le plus « littéraire » des écrivains français, « le dernier grand seigneur de nos lettres », Julien Gracq[33]. Gracq est l'homme de « la notation juteuse et saugrenue », par opposition à « la controverse des majuscules »[34]. En tant que tel, il n'est pas seulement écrivain mais une sorte de contre-intellectuel. Et le séjour de Debray chez Gracq est d'ordre identificatoire. A la fin du livre, il fait référence à « on

---

28   *Le pouvoir intellectuel en France*, Paris, Ramsay, 1979, p. 63.
29   *Ibid.*, p. 72.
30   *Ibid.*, p. 69.
31   *Ibid.*, p. 72.
32   *Ibid.*, p. 64.
33   *Par amour de l'art. Une éducation intellectuelle*, Paris, Gallimard, 1998, p. 443.
34   *Ibid.*, 435.

ne sait quel *Rendez-vous de Bray* », le sujet d'une peinture de Delvaux[35]. En fait, « Le Rendez-vous à Bray » est le titre d'un film de Nicolas Delvaux, basé sur un conte de Gracq, « Le Roi Cophetua ». Il s'agit en outre d'une histoire traversée par une sensation de « panique intime »[36]. Dès lors, les mémoires en trois volumes paraissent suspendus entre « l'instant panique du débrayage intime » du premier volume et une « panique intime » chez Gracq liée au fait de ne s'être pas présenté à la « gare de Braye ». La récente identification avec le plus littéraire des écrivains – épris, en outre, du potentiel poétique de la Restauration à son plus réactionnaire – est contrebalancée dans l'œuvre entière de Debray par une incessante polémique contre l'institution de l'I.F. (*l'intellectuel français*) et son « narcissisme moral ». C'est de cela que traite en particulier le livre *i.f., suite et fin* (2000)[37]. Autrement dit, les contours de l'œuvre de Debray depuis plus de trente ans tracent un chiasme. Après avoir débuté, dans *Le Pouvoir intellectuel en France*, avec l'intellectuel (ou le professeur) marqué positivement en opposition à l'écrivain (anti-dreyfusard) marqué négativement, Debray en est arrivé à une opposition entre l'écrivain (avec Gracq comme exemple le plus illustre) marqué positivement et l'intellectuel français, histrion sans avenir, marqué négativement.

Mais Debray, avancera-t-on, a toujours été un virtuose du chiasme, du retour inversé. *Todo pasa, pero al reves*, comme il le dit, dans un espagnol qui n'est jamais loin de ses lèvres, dans *Loués soient nos seigneurs*. Par ailleurs il se délecte d'avoir suivi le cursus hegelien pour les Humanités – de l'art, à la religion, à la philosophie – mais à l'envers : de la philosophie à l'Ecole normale, à la religion laïque de la politique messianique, à l'art (avec Gracq). La trajectoire chias-matique affectant l'opposition écrivain/intellectuel, possède cependant un avantage particulier. Non seulement ne semble-t-elle pas avoir été perçue par Debray lui-même dans ses mémoires pourtant abondamment lucides, mais il est possible de situer dans son œuvre le point énigmatique du croisement constitutif du chiasme ; un moment que l'on serait enclin de considérer après coup comme l'instant textuel qui télécommande la forme de l'œuvre elle-même. C'est sur ce moment précis que je vais à présent m'étendre un peu.

Nous avons déjà mentionné à quel point l'opposition spectaculaire entre Mitterrand et de Gaulle apparaît dans plusieurs des livres de Debray et comment elle a influencé sa carrière politique (« Tes humeurs t'égarent et me déconcertent », disait Jean Daniel dans une lettre réagissant à la publication de *A demain de Gaulle*, expressément datée du 18 juin 1990 ; tandis que la lettre de démission de Debray au Conseil d'Etat est datée du 28 décembre 1992)[38]. Cependant, il existe dans les mémoires une opposition, affectant Mitterrand, qui fut beaucoup moins commentée : il s'agit de l'opposition entre Mitterrand et Mendès-France. Entre 1969 et 1980, un « intellectuel de gauche » en France avait le choix entre Mendès et Mitterrand, explique Debray en deux pages

---

[35]   *Ibid.*, 471.
[36]   Julien Gracq, *La Presqu'île*, Paris, José Corti, 1970, p. 210.
[37]   Paris, Gallimard, 2000.
[38]   *Loués soient nos seigneurs*, pp. 404, 477.

détaillées. Mendès incarnait la tradition des Lumières et de la République tandis que Mitterrand était le plus littéraire des deux. De fait, Mitterrand méprisait typiquement les intellectuels, qu'il avait tendance à considérer comme des « Diafoirus ou des Robespierre », et également l'université, qu'il voyait comme « un parking de jeunesse »[39]. Ce qui, selon la stricte logique du *Pouvoir intellectuel en France*, aurait dû faire de Mendès l'homme à suivre. Ce ne fut pourtant pas le cas. Voici ce que dit Debray sur Mendès : « Sa filiation était la mienne, les Lumières et la République ; son profil rationaliste et rigoureux. L'inconscient regimbait, trouvant à cette figure de juste, totem des élites, je ne sais quoi de fade et de peu sexy; de trop propre »[40]. Alors que le choix conscient aurait dû porter Debray vers Mendès (et les Lumières), l'« inconscient » – « affaire de tropisme » – optait pour Mitterrand et la littérature[41]. « Quoi qu'il en fût, mon rejet des belles âmes me portait vers l'ami des écrivains, ces voyous qui vont au fait, au plus noir de la vie, et me détournait des professeurs, ceux qui tournent autour du pot avec une règle et un compas »[42]. En fin de compte, le choix de ce que Debray appelle son « inconscient » – son option, contre la thèse soutenue dans le texte fondateur de la médiologie, et en faveur du chiasme qui aura finalement structuré son œuvre – fut un choix pour « l'inconscient » lui-même, du moins tel qu'il est défini par la déconstruction. Par sensibilité, Mitterrand était l'homme pour qui « un philosophe n'est jamais qu'un écrivain empêché »[43]. Ce qui serait une évocation assez juste de la sensibilité déconstructionniste elle-même.

        Une confession s'impose ici : le Juif qui écrit ces lignes ne peut s'empêcher de penser que le Mendès insuffisamment « sexy », qui avait si peu d'attrait pour l'« inconscient » de Debray, ait pu tout simplement être trop juif. Au point que l'auteur admet qu'il a violé ses propres principes (et de façon désastreuse, si l'on tient compte de son ultime jugement sur Mitterrand) plutôt que de se rallier à Mendès. Et je pensais également à la ligne que Debray accepta de couper de l'article donné au *New York Times* à propos d'une France « pas particulièrement antisémite ». La défense involontaire de Vichy qui servait de justification à cette assertion méritait certainement le correctif qui fut, comme je l'ai dit, gracieusement accepté. Peut-être que l'épisode Mendès, dans toute son honnêteté, devrait nous amener à nous souvenir d'une des plus sinistres composantes de l'identité française, et donc, en toute modestie, estimer à sa juste valeur la distance traversée et qui se trouve encodée dans l'expression adverbiale : « *pas particulièrement* antisémite ». Cela a certainement plus de sens que de prêcher vertu à ce que Debray appelle son « inconscient ». Écrire, a-t-il écrit – et qui, en français, a écrit mieux que lui ? – c'est se libérer de la *langue de bois* qui est spontanément la nôtre. Mais c'est également se sortir de la raideur de ce bois, de l'obscurité de ces bois dans un état qu'il décrit

---

[39]   *Ibid.*, pp. 323-324.
[40]   *Ibid.*, pp. 318-319.
[41]   *Ibid.*, p. 318.
[42]   *Ibid.*, p. 319.
[43]   *Ibid.*, p. 322.

comme « nu, vulnérable, et louche »[44]. C'est un accomplissement qu'on ne peut que respecter.

Peu après la parution de l'article dans le *Times*, j'ai visité, par Internet, le pays qu'on appelle Blogistan afin de voir quelles étaient les réactions aux remarques de Debray[45]. La plus mémorable d'entre elles fut un commentaire ligne par ligne, parfois hilarant, de James Lileks[46]. Le commentaire s'est ensuite transformé en sujet de discussion pour un groupe de *chat* et a également fait l'objet d'une version hip-hop de la part d'un admirateur de Lileks. Le texte de Lileks s'ouvrait sur un lien vers l'article de Debray qui disait : « cliquer ici pour aller directement à la Francité (*Frenchness*) ». La Francité : chose qu'a priori on adore détester et dans laquelle on ne peut résister de se plonger. Et je cite le premier paragraphe de Debray, suivi de la réponse de Lileks :

> En l'an 212, l'empereur Caracalla accorda la citoyenneté à tous les hommes libres de l'empire romain. Fort de ce précédent, un mien ami, ancien haut fonctionnaire français, demanda naguère à un président US de traiter les Européens en compatriotes. Un doux rêve, On ne veut que des vassaux.

Les lecteurs de Debray reconnaîtront la rêverie informant *L'Edit de Caracalla* ; j'y ai fait allusion plus haut. Les Américains, qui n'avaient aucune connaissance de ce roman, ne pouvaient que se demander de quel président il s'agissait (La réaction de Lileks : « Je sais, je sais, ils vont et viennent dans une telle confusion kaléïdoscopique que cela en devient difficile de séparer les Reagan des Ford... »). Cependant, le commentaire initial de Lileks est plus éloquent : « Oh, shove it down your Brie-pipe, Pierre ». Pierre, et non pas Régis (tous les Français s'appelant Pierre). Comme si être français – ou comme si la *Frenchness*, comme il l'appelle – n'était qu'un agaçant numéro, conçu par des Français caricaturaux...

Quand j'ai d'abord soupesé l'idée de tournant néo-conservateur dans la pensée française de ces dernières années, c'était par tristesse, tant il était devenu difficile de prononcer le mot de *français* dans certains quartiers éclairés sans entendre le terme, ou le voir traduit, dans le sens de *franchouillard*. L'animosité qui se cache derrière ce mot est pleinement audible dans le « Pierre » de Lileks : Français comme un numéro agaçant. Peut-être serait-il temps de considérer la France comme un isthme de plus en plus étroit entre les eaux violentes de la francophobie – intérieure et étrangère. Que nous ayons tous une dette envers ceux qui se sont astreints à défendre – mot par mot, et souvent de façon inoubliable – ce qu'il reste de cet isthme, je n'en ai aucun doute.

---

[44]   *Par amour de l'art*, p. 463.
[45]   On parle plus volontiers aujourd'hui de blogosphère que de Blogistan (NDT).
[46]   James Lileks, *The Bleat*, http://www.lileks.com/bleats/archive/03/0203/022403.html# debray.

Entretien avec Régis Debray

Stéphane Spoiden

PROPOS SUR LA MEDIOLOGIE – ENTRETIEN AVEC REGIS DEBRAY[1]

Stéphane Spoiden -- Votre parcours intellectuel est à la fois assez étrange et fascinant. Comment d'un gauchisme révolutionnaire passe-t-on à la médiologie ?

Régis Debray -- Simplement en revenant à ses sources : le travail intellectuel. J'étais philosophe (normalien, agrégé) avant de partir en Amérique latine (1965). Je le suis redevenu en revenant à Paris (1973). Je n'avais évidemment plus la même philosophie au retour qu'à l'aller. Mes curiosités allaient à contre courant de l'esprit individualiste, libertaire et « nietzschéen » qui dominait la pensée française d'alors (Foucault, Deleuze, Lyotard, etc.). Mes interrogations portaient sur les ressorts de la cohésion, de l'institution, des effets d'orthodoxie et de totalité : la nation, le religieux, la frontière, le sacré. D'où ma *Critique de la Raison politique*.

-- Bien, mais comment en êtes-vous venu précisément à la médiologie ?

-- Quant à la médiologie, c'est l'aboutissement d'un parcours, qui a sa logique. Il est normal qu'un « intellectuel révolutionnaire », qui entendait participer à la transformation des choses par la production de mots, s'interroge à partir d'un certain moment sur la façon dont les mots font bouger les choses, ou dont « les idées deviennent forces matérielles », comme disait Marx. L'efficacité symbolique, c'est en quelque sorte son pain quotidien. Mon point de départ fut donc la vieille énigme : comment une représentation du monde peut-elle modifier l'état du monde ? Comment une idée prend-elle corps dans la société ? Pour comprendre cela, il faut, je crois, inverser le cours habituel de l'histoire culturelle. Il ne s'agit plus de déchiffrer le monde des signes mais de comprendre leur « devenir-monde » : comment une parole de prophète devient-elle Eglise ? un séminaire, Ecole ? un manifeste, Parti ? En résumé, comment des formes symboliques deviennent-elles des forces instituées ?

-- Et quelle fut la réponse ?

-- La réponse, je crois, passe par une étude des « technologies de la croyance », c'est-à-dire des voies par lesquelles les « idées » se diffusent et s'incarnent.

[1]   Entretien originalement paru dans *Contemporary French Civilization*, XXI-2, Summer/Fall 1997, pp. 131-146. Reproduit avec l'aimable autorisation de Lawrence R. Schehr, éditeur de *Contemporary French Civilization*.

Vaste champ d'analyse transversale à plusieurs disciplines. Car, en la matière tout se tient. La transmission des héritages met en jeu plusieurs questions : celle du *médiateur* qui apparaît sous la figure moderne de l'intellectuel ou celle, plus ancienne, du clerc ; la question du *symbolique*, des raisons pour lesquelles une société a besoin, à un moment donné, d'un discours de référence qui s'incarnera autour d'un mythe collectif ; et la question enfin des *supports* matériels et organisationnels qui donnent corps à la référence symbolique.

-- *A partir de ce plan d'action, comment avez-vous procédé ?*

-- Pour mettre des titres de livres sur ces différentes étapes, ces tournants d'une route en lacets, je vous dirai que je suis parti du *médiateur* contemporain, sous la figure française et moderne de l'intellectuel (*Le Pouvoir intellectuel en France*, 1979 et *Le Scribe*, 1980) pour m'élever à la *médiation* dans sa nécessité logique et sans âge (*Critique de la Raison politique*, 1981) et redescendre enfin sur les *médias* ou les procédures contemporaines de la transmission (*Cours de médiologie générale*, 1991, *Histoire du regard*, 1992, *L'Etat séducteur*, 1993).

-- *Pour récapituler, qu'est-ce que vous entendez par médiologie ?*

-- Evidemment pas une énième théorie des médias, sujet qui ne m'intéresse pas beaucoup. Ranger la médiologie dans les « media studies », ce serait comme ranger la psychanalyse dans les sciences occultes. Il s'agit plus largement d'étudier les effets cognitifs et culturels des dispositifs techniques (pas seulement au sens matériel du terme) ou les conditionnements techniques d'une mutation culturelle. Car on ne peut plus penser séparément la technique et la culture. Les médiations et milieux techniques façonnent de l'intérieur l'organisation de la Cité, notre éthique autant que nos esthétiques. C'est à éclairer ces interactions entre valeurs et vecteurs, au cours de l'histoire comme dans l'actualité, qu'entend se consacrer « le champ médiologique ». Sans a priori doctrinal, et en décloisonnant des compartiments académiques rendus trop étanches.

-- *Par rapport à son objet d'études, comment situer la médiologie, la définir par rapport à d'autres disciplines qui lui semblent limitrophes ou similaires. Je pense notamment à la sémiotique, à la sociologie de Bourdieu, ou encore ce que l'on appelle de nos jours la communication ?*

-- S'il fallait à tout prix donner une définition, je parlerais d'une discipline traitant des fonctions sociales « supérieures » (religions, art, politique, idéologie, mentalités) dans leurs rapports avec les structures de transmission, dépendantes elles-mêmes du développement technologique (supports, réseaux, vitesses, types de traces utilisées). Nous sommes quelques-uns à penser qu'il est possible d'établir des corrélations fortes entre les activités symboliques d'un groupe humain, ses régimes de croyance, ses formes d'organisation collectives et ses procédés mnémotechniques (mise en mémoire et mode de circulation des traces). Tout cela exige de substituer aux « médias » et à la « communication » les problématiques plus opérationnelles, de la transmission (comme incorporation et organisation). Comme disait Luther : *non logos extra carnem*. Il s'agit de tenir ensemble les deux bouts de la chaîne. Ne pas tomber dans l'abstraction sémiotique, où la superstition du code opère souvent au détriment des réseaux, supports et agencements matériels ; ni dans l'oubli des contraintes instrumentales qui obère la sociologie, où la concentration sur les usages et réceptions sociales occulte les déterminations internes de l'invention technologique. La coupure universitaire entre l'économie et la sociologie a eu, entre autres inconvénients, celui de pousser des sociologues comme Bourdieu à privilégier l'analyse des comportements de consommation et d'usage (de la photo, du Musée, de l'automobile, etc.) en oubliant ce qui a trait à la production et à la technique.

--Pourquoi ne parlez-vous pas de communication ?

-- La « communication » dont on parle aujourd'hui, ce sont presque des problèmes de téléphone. « Allo j'écoute ... OK, message reçu ». Je trouve plus intéressant de savoir comment l'Occident est devenu marxiste ou anti-marxiste, à partir du travail d'un philosophe barbu qui, de son vivant, n'a jamais réussi à vendre plus de mille exemplaires de ses bouquins. J'appelle cela la transmission, pas la communication. Ou encore, comment l'Empire romain a pu devenir chrétien, ou le marxisme l'Union soviétique. Disons, plus sérieusement, que la transmission est un transport d'information dans le temps et la communication, dans l'espace. Une transmission historique englobe et suppose, bien sûr, des actes de communication, mais pas l'inverse. C'est donc une notion à la fois plus globalisante et plus opérationnelle.

-- Pourquoi ce terme de « médiologie » qui peut prêter à confusion ?

-- « Médio » de médiologie n'est donc pas *média*, au sens étroit de mass-média ; ni même médium, au sens plus large de support ou canal. Il se réfère en dernière instance à un *milieu*, auquel doit être rendu son rôle actif de *médiation* (ce par quoi il faut passer pour devenir ce que l'on est ; et ce sans quoi on ne serait pas ce qu'on est). Un milieu peut être structuré par un vecteur physique ou un dispositif matériel (l'oralité secondaire, l'imprimerie, l'audiovisuel, le numérique) mais il n'est pas réductible à une matérialité technique. Ou plutôt il ne faut pas réduire « technique » à « machinique ». Il y a des techniques intellectuelles, des machines formelles, caractéristiques d'un milieu culturel historiquement donné, qui peuvent jouer un rôle médiateur ou matériel, comme structures structurantes d'un message.

-- Pouvez-vous nous donner un exemple ?

-- Reconduire par exemple l'entité toute-faite « le christianisme » à son mode de production médiologique, ce n'est pas seulement considérer ses bases matérielles de transmission, le papyrus, le rouleau et le codex, ni seulement étudier les cheminements physiques de la foi dans l'Empire romain (les itinéraires suivis par Saint-Paul, les lignes de communication entre les communautés méditerranéennes, la pratique des épîtres et le choix des rites d'affiliation ou de conversion, etc.) mais d'abord les formes logiques internes à la culture judaïque, comme la *proclamation synagonale* ou la figure de l'*homéliaste*, formes anciennes à la fois mentales *et* matérialisées dans les lieux, discursives *et* cristallisées en institutions, qui ont structuré de l'intérieur, au premier et deuxième siècle, le « kérygme », la proclamation chrétienne. Ces modèles d'explication et de mise en relation avec les annonces de la Thora sont plus que des canaux de transmission ou des vecteurs de diffusion (« tout flux se ressent de son canal »), car ils informent en amont et déterminent la nature même des contenus de croyance chrétiens les plus originaires. Un médiologue du paléochrétien comme Maurice Sachot montrera bientôt le formidable effet de connaissance que peut produire la remise au centre des analyses de ce que l'histoire traditionnelle des religions, quand elle daignait le prendre en compte, mettait à la périphérie ou en bas de page.

-- Le médiologue n'aspire-t-il pas à intervenir, à désidéologiser, à faire plus que de noter ou de constater les faits de transmission, de médiation ? En révélant les structures techniques de transmission, « l'ossature sous les chairs », le médiologue ne cherche-t-il pas à interférer ?

-- On devient médiologue en cessant de croire à l' « idéologie », et à sa définition faussement savante. Marx entendait par ce mot piégé l'*antithèse d'un savoir* – l'idéologie comme illusion ou reflet, inversion spéculaire du réel, méconnaissance, fausse conscience, etc. On reste plus près des faits en y voyant *un moyen d'organisation*. Les questions dites naguère « idéologiques » travaillent les sociétés au corps, ce pourquoi elles ne sont ni légères ni fumeuses mais lourdes, graves et « organiques ». Dans cette perspective, la religion n'est plus « l'opium du peuple », mais la vitamine du faible.

-- Vous vous inspirez à plusieurs reprises du théorème de Gödel et de son principe d'incomplétude.

-- Il m'est apparu que ces pratiques d'organisation collective pouvaient être dérivées, à travers leurs formes diverses, d'un principe logique, qui présente une homologie formelle avec le fameux théorème de Gödel.

-- *Voulez-vous nous expliquer ce dont il s'agit et préciser son importance dans votre approche médiologique ?*

-- Aucun ensemble de relations n'est relatif à lui-même ou alors ce n'est plus un ensemble. La « fermeture » d'un territoire, doctrinal ou physique, ne peut donc procéder que contradictoirement, par ouverture à un élément extérieur à lui qui sera le sacré du groupe, son point fixe et intouchable : ce qu'il a perdu au départ et qu'il doit se redonner sans cesse, symboliquement, pour se reconstituer comme groupe.

Si tel est l'invariant structural des sociétés stables, le travail de la médiation n'a pas de fin. Le moindre groupe organisé aura besoin d'un corps de médiateurs, croyants ou laïcs, pour lui redonner cohérence et vigueur en l'ouvrant à une valeur suréminente.

-- *Cet élément extérieur, axiome érigé en principe universel, ne ressemble-t-il pas à une transcendance ?*

-- Ne m'imaginez pas victime de la « gödelite ». Je ne suis pas parti de Gödel pour en extraire on ne sait quelle loi sociale généralisable à tout et n'importe quoi. Cette naïveté ferait bien rire, à juste titre, M. Sokal et M. Bricmont : chacun sait qu'extrapoler un résultat scientifique en dehors de son champ de pertinence originaire débouche sur des délires invérifiables. Et que si un théorème comme celui de Gödel est passible de démonstration, un modèle explicatif touchant les sociétés et leur devenir ne peut prétendre au même statut. Si j'ai pu, jadis, avoir une tentation scientiste, avec l'idée qu'il nous faut trouver une sorte de fondement universel, ou le « fin mot de l'Histoire », je me considère à l'opposé des penseurs post-modernes en ceci que je reconnais à la fois l'objectivité des lois de la nature et la spécificité irréductible des sciences dures. Nous ne pouvons proposer, en contraste, que des constructions interprétatives. En réalité, c'est à la fin d'un long parcours d'observations empiriques que j'ai perçu comme un effet d'écho entre la structure logique dégagée par Gödel au sein de certains systèmes formels et une structure d'organisation assez paradoxale propre aux institutions historiques et que j'appellerais la *contrainte référentielle de la territorialisation*.

-- *Voulez-vous préciser ?*

-- J'entends par là le fait qu'aucune communauté stable ne peut se passer d'une articulation, de caractère fiduciaire ou mythologique, à un métaniveau : mythe d'origine, héros fondateur, sacro-sainte Constitution, mandat providentiel, avenir radieux, etc. Ce métaniveau n'est pas nécessairement une transcendance au sens des religions révélées (un principe divin ou surnaturel), encore qu'aux Etats-Unis, par exemple, l'institution sociale s'ordonne explicitement au Dieu de la Bible, « In God We Trust ». Les sociétés athées, comme l'Union Soviétique hier, n'étaient pas les moins mythologiques, la figure de Lénine ayant joué là-bas le rôle du surplomb fondateur, ou de vide unificateur. Ce point de sacralité qu'on retrouve partout sous des formes les plus diverses, qui vont du mandat du Ciel chinois à la « Manifest Destiny » nord-américaine, cet « indécidable » constitue à chaque fois le foyer de cohésion du groupe en question, sa clef-de-voûte symbolique. Bien plus, l'histoire concrète des fondations ou constitutions nationales (mais cela peut aussi se constater sur la formation de groupes restreints) suggère que *la consistance interne s'obtient par référence à ce point externe de convergence.* Le passage du ramassis à l'agrégat ou du tas au tout qui constitue le « miracle » d'une formation communautaire, semble témoigner, d'une façon constante et attestée dans la documentation disponible, d'une double fixation : position d'une frontière, enceinte ou limite (territoriale, doctrinale ou légendaire), et position d'un *point d'absence* – un être, un dire ou un écrit – trou fondateur hétérogène à l'ensemble considéré dont il vient cristalliser l'homogénéité. Suspendu comme il est à une valeur fondatrice invérifiable et indémontrable, le collectif est soudé au fiduciaire. Il fonctionne à crédit, à l'adhésion et à l'imaginaire. Aucun système ne pouvant se « clore » à l'aide des seuls éléments intérieurs au système, la démarcation pratique d'un collectif suppose la mise en rapport des individus à une donnée sans attestation empirique possible, objet d'un acte de foi, posé par la croyance. Ce point d'accroche, symbolique ou historique, toujours transfiguré, par définition interdit de manipulation technique ou critique, constituerait alors le *sacré* du collectif qu'il lie (le sacré n'ayant d'évidence pas besoin du divin pour exister) ; *son opérateur externe de légitimité,* sans quoi disparaîtrait la personnalité collective concernée, par implosion ou dilution. Aussi diverses qu'en soient les expressions, le phénomène religieux relèverait, dans cette hypothèse, d'une contrainte formelle de consistance, excluant l'autovalidation et l'autogestion d'une communauté par elle-même. L'incomplétude donne au collectif sa structure délirante.

-- Quelles conclusions tirez-vous dans vos analyses de la présence obligatoire d'un élément médiateur extérieur ?

-- On peut en inférer que l'incomplétude rend infiniment problématique l'autogouvernement de la société par elle-même. Il y a toujours de la distance entre le principe légitimant et l'espace social à légitimer. Distance historique et sémantique. Elle appelle des interprètes et des intermédiaires. Ce sont les clercs, les préposés à la référence et à la démarcation du groupe. La non-immédiateté de l'institution, ou l'impuissance d'un groupe à se fonder lui-même, confère une fonction permanente car en quelque sorte « religieuse » (de *religare*, relier) aux officiers de la médiation – catégorie large pouvant aller historiquement du shaman à l'anchorman, du grand prêtre au grand éditorialiste.

-- *Revenons à la pratique de la méthode ? Quels sont les gestes successifs qu'un médiologue égrène ? En quoi consiste précisément la méthode médiologique s'il y en a une ?*

-- J'ai essayé de la circonscrire dans *Transmettre*, avec une certaine prudence car le fétichisme de la méthode est le propre des savoirs incertains, portés à mettre la charrue avant les boeufs. Chacun sait bien que plus la science est molle, plus la méthode se veut dure, et formalisée. Je préfère parler de trois gestes utiles : *matérialiser* les abstractions, *dynamiser* les entités fixes, et *décentrer* les problèmes. Ne pas regarder la lune, mais comme l'idiot dans l'histoire chinoise, le doigt qui montre la lune. C'est ce que j'ai essayé de faire dans mon *Histoire du regard en Occident*, comme dans mon analyse *L'Etat séducteur*. Mais ce n'est pas une recette. A chacun d'inventer.

-- *Quelles sont vos influences principales ? Qui sont les grands prédécesseurs de la médiologie ? Vous citez notamment Benjamin et Derrida.*

-- La médiologie n'a rien d'une « nouvelle science », et donc rien d'une découverte ex-nihilo. Ses prédécesseurs immédiats, en France, seraient à rechercher du côté de la revue *Culture technique*, avec Jocelyn de Noblet et Jacques Perriault. Au plan philosophique, Derrida a donné à l'idée de « trace » sa fonction stratégique, mais sans envisager les questions posées par sa matérialité, et ses changements de matérialité. Serres, dans ses *Hermès*, a donné une profondeur insolite et féconde aux problématiques de communication. François Dagognet, dans toute son oeuvre, a réhabilité l'objet technique et opposé le matiérisme au maniérisme, avec la fécondité que l'on sait. Benjamin, cela se passe de commentaire.

-- *Y a-t-il des influences anglo-saxonnes dans votre conception de la médiologie ? McLuhan ?*

-- Aux Etats-Unis, j'aime bien les travaux historiques de Neil Postman, et Goody, Havelock, Ong, le Canadien Innis sont pour nous des références constantes. McLuhan, c'est plus compliqué, parce que c'est parfois génial et parfois loufoque. « The medium is the message » reste dans sa brutalité ultra-simpliste un formidable logo et un bon résumé publicitaire.

-- *Vous faites constamment référence à André Leroi-Gourhan qui, lui, à l'inverse de Benjamin et Derrida, est peu connu outre-Atlantique ?*

-- Quant à Leroi-Gourhan, il est à mettre sur un autre plan : c'est à mes yeux l'un des plus grands savants du siècle, et en France, sa place est la première. C'est sans doute pourquoi les campus américains l'ignorent. Résumer l'importance de ce penseur à la fois de la préhistoire et de la modernité en quelques mots serait injurieux. Disons laconiquement qu'il a réussi à restituer étape par étape, dans l'évolution paléontologique, l'histoire combinée du squelette, du silex et du signe, en ressoudant les conquêtes symboliques du *sapiens sapiens* à ses conquêtes techniques. Ce qu'il appelait *Le Geste et la parole*, son livre le plus important (1965).

-- Quel statut donnez-vous à votre projet ? Car il apparaît que la médiologie soit, d'une part, en constante redéfinition et que, d'autre part, elle ébranle l'ordre établi des disciplines existantes ?

-- Ce n'est évidemment pas une « doctrine », référable à un fondateur, et sortie tout armée d'un crâne d'illuminé. Ces entités ont ordinairement une terminaison en « isme ». Je me garderai de parler de « science », tant ce terme est sujet à caution en dehors des sciences exactes et naturelles. Laissons-là, pour le moment, cet énorme sujet : « A quelles conditions peut-on parler de "science", et que faut-il entendre par science dans "sciences humaines" et "sciences sociales" » ? J'oserais, entre ces deux extrêmes, le subjectif et l'objectif, prendre une voie médiane et formuler l'espoir d'*une discipline en formation*, comme pouvaient l'être, vers 1900, la psychologie et la sociologie. Ce genre de coups de force commence toujours par un acte d'indiscipline envers les découpages disciplinaires en vigueur. Et je reprendrais volontiers au compte d'un tel projet la définition restrictive de l'ethnologie par Levi-Strauss : « ce n'est pas une source particulière de connaissances mais un mode original de connaissance ». La médiologie peut en effet s'apparenter à *une clé de lecture*, une *grille d'appréhension* applicable à plusieurs domaines et susceptibles d'en renouveler l'étude : le théâtre, la bicyclette, la nation, la route, le papier (pour reprendre les sujets thématiques des premiers *Cahiers de médiologie*).

-- Comment définir son originalité par rapport aux sciences sociales les plus voisines ?

-- En quoi consiste son originalité ? Dans un *décloisonnement* entre deux domaines déjà solidement arpentés mais par des équipes qui se tournent le dos : l'histoire des techniques et l'histoire culturelle. Ce décloisonnement, nombreux sont les *ethnologues* (attachés à décrire des cultures matérielles) et les *historiens* (lorsqu'ils sortent de l'histoire politique des institutions et s'attachent aux socles culturels) qui s'y entraînent depuis longtemps (et en entraînent d'autres à leur suite). Il s'agirait non de légiférer du dehors sur ces travaux, mais de pousser leur logique interne jusqu'à un seuil de formalisation permettant une certaine systématicité, avec l'effet-retour en boucle des modèles d'explication (gain de temps, réorganisation du champ, nouveau réseau de corrélations, etc.) sur les situations les plus insolites. Un contexte empirique permet l'édification synthétique d'une grille conceptuelle, qui en permet une lecture plus fine.

-- Quelles sont les difficultés que vous rencontrez à imposer la médiologie dans le concert actuel des disciplines établies ? Vous faites souvent allusion à Auguste Comte et aux débuts de la sociologie ?

-- Une discipline émergente, c'est à chaque fois un mur qu'on abat entre deux disciplines établies. Une ancienne frontière s'efface en sorte qu'une bordure périphérique et négligée devient l'axe directeur de la recherche. L'*entre-deux* devient le problème lui-même ; le marginal devient central ; on fait la mise au point sur une zone frontalière traditionnellement floue, reconvertie en interface. Que fut en son temps la sociologie d'Auguste Comte, sinon le renversement du « mur » séparant jusqu'alors les territoires de l'individuel et ceux du collectif ? Sur les premiers s'ébattaient depuis plusieurs siècles les moralistes, les psychologues, les philosophes, décrivant et expliquant les passions, les caractères, les conduites ; sur les seconds, les juristes, les historiens et les philosophes de l'histoire, étudiant la raison des Etats, la grandeur et la décadence des empires, les diverses variétés de sociétés. Nouvelle fut l'idée qu'il y avait une concordance à déterminer, des corrélations causales à examiner entre des faits sociaux indépendants de notre conscience et des configurations privées ou individuelles comme le choix de se suicider, la croyance en Dieu ou tel profil caractériel. L'*écologie* (1866, Hackel, également inventeur du pithécanthrope) a démontré ensuite qu'il y avait des systèmes de liens complexes entre les différentes espèces végétales et animales, d'un côté, et de l'autre, les sols, milieux et territoires sur lesquels ils vivent. Elle a abattu le mur entre le vivant et l'inerte. Ce qui n'a évidemment pas invalidé les acquis scientifiques, d'un côté, des botanistes et des zoologistes, de l'autre, des géologues et des géographes (pour la géographie végétale, les Tournefort, les Humboldt et les savants voyageurs du 19ème). Avant la sociologie, l'individu et la société se définissaient par opposition l'un et l'autre, comme le vivant, dans le vitalisme, se définissait dans sa lutte contre l'inerte (« la vie, ensemble des forces qui résistent à la mort »). Jusqu'au moment où la détermination en *contre* ne suffit plus, il faut passer à *l'avec* (l'écologie, science des relations de l'organisme *avec* l'environnement). La *médiologie* étudie quant à elle les relations des formes « supérieures » ou nobles de l'existence sociale avec le domaine « inférieur » ou trivial des matériaux, supports, vecteurs et canaux de transmission. Pour filer la métaphore et en faisant l'hypothèse que la médiologie est à l'Histoire ce que l'écologie est à la biologie, une branche originale, autonome mais non indépendante, on pourrait dire que les formations culturelles seraient en dépendance de leur milieu technique (au sens large), comme les « communautés biotiques » le sont de leur environnement « abiotique ». On se propose donc d'abattre le mur entre l'idéal et le matériel, le symbolique et le technique.

-- *Vous soulignez que le médiologue est souvent décontenancé par l'objet technique et que l'innovation le force souvent, au contraire d'autres spécialistes, à modifier sa théorie ?*

-- Jusqu'ici, la culture s'est toujours pensée *contre* la technique (deux mille cinq cents ans de réflexes conditionnés, par et depuis l'opposition grecque épistèmé/tecknè), la tradition « humaniste » consistant à en appeler aux humanités contre les machinistes, « l'homme contre les robots ». Et nous, nous répétons après beaucoup d'autres : c'est *l'avec* qu'il faut penser, parce que le *contre* est un *pas.* Pas d'humanité historique sans la machine-écriture, par exemple. Ce faisant, on n'invalide évidemment pas les résultats produits par des siècles de géographie culturelle portant sur l'univers des formes symboliques (doctrines, styles et croyances) ou d'histoire politique (régimes, nations, partis, etc.) ; non plus que les résultats de l'histoire des techniques et notamment des techniques de l'intelligence – depuis l'écriture jusqu'à l'ordinateur. Simplement, ce type de démarche conférant une fonction stratégique aux matérialités de la culture conduit à intégrer dans l'histoire culturelle des historiens de métier une gamme d'objets ou de dispositifs qui n'y figurent pas, ou peu, tels que le papier de chiffon, l'électron ou le rail, de petites inventions techniques pouvant avoir d'immenses effets civilisationnels.

Tout cela paraîtra simple. Mais ce « rattrapage » ou ce raccordement signifient en fait et en droit un renversement. De perspectives et de hiérarchie.

En fait, la logistique ne se laisse pas facilement découvrir. Le support – *l'upokeimenon* des Grecs – est ce qui gît par dessous. Le médium est fait pour disparaître, une bonne route est celle qui glisse sous les pneus, la médiation se cache dans ce qu'elle produit, comme le honteux dans le noble, une transmission fonctionne bien dès lors qu'elle passe inaperçue. Sortir les médiations (matérielles et intellectuelles) du silence, acte contre-nature, tient peu ou prou de la descente aux enfers.

En droit, on ne peut oublier que la guerre du sujet contre l'objet, sous la forme du *clivage* (l'interne versus l'externe), de la *dévaluation* des matériaux (le morceau de cire) ou de *l'aliénation* (la conscience se perd dans ses produits) structure la théorie idéaliste de la subjectivité. Au delà de la réhabilitation matiériste de l'objet industriel engagée en France par François Dagognet, l'idée qu'« on trouve davantage l'homme à l'extérieur de lui-même qu'en lui-même » (Dagognet) suppose une inversion de nos habitudes de pensée, telle l'antique coupure du penser et du faire, comme des hiérarchies académiques les mieux enracinées (le bac technique au dernier rang).

-- *L'émergence de nouvelles disciplines, ou du moins la pratique désormais répandue de l'interdisciplinarité, donne lieu à une nouvelle cartographie des sciences humaines. Le développement des médias visuels qui ont fait du livre un anachronisme technique dans le jeu des transmissions des savoirs n'y est pas pour rien. Aux Etats-Unis nous avons vu, il y a quelques années, l'émergence des Cultural Studies, un phénomène académique qui n'est certes pas étranger aux transformations médiologiques. Avez-vous des remarques à faire sur l'émergence de ces nouvelles approches ?*

-- Quant aux conditions d'apparition de ces nouveaux champs d'étude, on peut faire quelques remarques :

– Celui qui conçoit l'étiquette n'est pas celui qui développe la discipline. Dans le cas ici envisagé, Comte n'instaure pas la sociologie « scientifique », non plus que Haeckel, l'écologie. Ce sont ici Emile Durkheim et là Eugen Warming qui donnent au projet un contenu positif. Je rappelle cela pour rassurer ! L'outre-

cuidance de rappeler ces glorieux précédents n'a qu'un but : ce sera à d'autres de jouer.
– Il y a régulièrement parasitage entre un projet politico-moral et un champ de positivité ! La religion de l'Humanité hante les prodromes de la sociologie, comme la religion de la Nature, celles de l'écologie. On a encore du mal aujourd'hui à distinguer les « écologues », qui se consacrent à l'étude de la dynamique des populations, cause scientifique, des « écologistes », qui se consacrent à la défense de l'environnement, cause sociale.

-- *Cela soulève la question d'une médioéthique ?*

-- Nombreux sont ceux qui attendent des médiologues un engagement moral pour la bonne cause : pour la sauvegarde de la lecture, pour la liberté sur Internet, contre la domination de l'image, la publicité sur le bord des routes, etc. Les ethnologues ont été au premier rang des protestations contre l'éradication industrielle et sanitaire des « réserves » indigènes et l'exploitation effrénée de l'Amazonie par les multinationales. Et le fait est qu'il n'est pas facile de placer une barrière entre la description raisonnée et la prescription interventionniste. Qui étudie l'effet d'une marée noire sur une population de pétrels sera logiquement plus porté qu'un autre à demander une réglementation du dégazage dans les couloirs maritimes. Qui étudie les conséquences de l'apparition des photocopieuses sur la crise des éditeurs en sciences humaines, et donc sur la crise des sciences humaines elles-mêmes (reproduction <==> publication <==> recherche) ne pourra que s'associer à ceux qui veulent réglementer le photocopillage. L'échouage du *Torrey Canyon* en 1967 a stimulé les équipes de recherche en écologie scientifique, comme l'invasion des petits écrans par la pub les labos infocom du CNRS. En retour, les écologistes comme mouvement ont à la fois vulgarisé et compromis l'écologie comme discipline (ainsi du mouvement communiste avec l'économie politique marxienne...).

-- *Réorganisation des disciplines, transformation des moyens de transmission des savoirs, tout cela n'a pas lieu sans heurts ?*

-- La « contamination » chose/cause est d'autant plus probable que dans les disciplines mentionnées (et les « sciences sociales » en général), ce qui tient le rôle de l'*étonnement* devant l'Etre pour l'interrogation philosophique, c'est l'*angoisse* devant le non-être. Le vertige de la disparition. La Révolution française a détruit les assises du consensus, comment le restaurer ? La pollution industrielle précarise les équilibres naturels, comment les sauvegarder ? L'audiovisuel et l'informatisation altèrent « l'ordre des Livres », mettant l'écrit en danger, comment sauver « la » culture ? Le pathétique sous-jacent à l'enquête écologique – notre espèce va-t-elle survivre ? –, l'est aussi à l'enquête médiologique. La transmission des valeurs sera-t-elle encore possible demain ? L'angoisse, plus ou moins irrationnelle ou apocalyptique, suscitée par un changement de système technique joue aussi comme moteur épistémologique. Le remplacement de la mémoire orale par les supports écrits à l'époque platonicienne inspire au philosophe la première réflexion connue de médiologie comparative (*Phèdre*). Comprendre, c'est comparer. Or un changement matériel dans les supports d'information donne précisément à l'esprit de quoi comparer, en révélant le stable comme le fragile ou le naturel comme technique. Il permet de voir ce qu'on ne voyait pas, ou plus. Du coup, on assiste à une réorganisation rétrospective de l'ensemble du champ, selon le principe énoncé par Marx, « la clé de l'anatomie du singe est celle de l'homme ». L'apparition de la « réseautique », suite à la prolifération des nouveaux réseaux – aériens, télématiques, électroniques, etc. – découvre rétrospectivement l'importance et le fonctionnement des anciens réseaux, viaires, postaux et ferrés. L' « infoduc » remet en perspective l'aqueduc de jadis et l'oléoduc d'hier.

Ce « mouvement récursif du vrai » (Bergson) fait advenir également des gestes « précurseurs », là où l'on ne voyait que des bizarreries sans grande portée. Il fallait que l'écologie se développe pour qu'apparaissent comme prédécesseurs Aristote (*Traité des animaux*), Linné, et d'autres.

-- Dernière question à propos d'un champ médiologique en pleine effervescence : Quels projets les médiologues nous préparent-ils ?

--*Le Champ médiologique*, c'est le titre d'une collection éditoriale qui vient de s'ouvrir chez Odile Jacob. On y accueillera des études documentées permettant de jeter un pont entre nos dispositifs de mémoire, de transmission et de transport, d'une part, et de l'autre nos modes de vie, nos systèmes de croyance et de pensée. Entre notre matériel et notre spirituel. Après mon livre *Transmettre*, déjà paru, le prochain portera sur la genèse du christianisme comme religion ou *L'Invention du Christ, de Jérusalem à Rome*, au coeur des trois premiers siècles, par un théologien et médiologue, Maurice Sachot. Puis viendra un livre sur *Les Images et la science*, de Monique Sicard, *Cinéma et nation*, de Jean-Michel Frodon, *Le Stylo et la roue, ou comment nous sommes devenus touristes*, de Catherine Berto-Lavenir, etc.

RÉSUMÉS

RÉGIS DEBRAY – *OU EN EST-ON « VINGT ANS APRÈS ? »*

Régis Debray nous présente un état des lieux de la médiologie après grosso modo 20 ans d'existence. A l'heure des comptes (actif et passif), où se situe l'entreprise médiologique ?

DANIEL BOUGNOUX – *LA CONDITION MÉDIOLOGIQUE*

Si Régis Debray nous fait le bilan de la médiologie, Daniel Bougnoux nous entretient de sa pratique. « Que fait la médiologie ? » est la question que pose cet essai. C'est sous forme d'une réflexion sur les spécificités de l'enquête médiologique notamment en rapport, ou en opposition aux études médias, ainsi que sur ses apports que répond Bougnoux. Efficacité symbolique, milieu, technique, medium et messages sont abordés de façon claire. Le terme « médio » (ou « média ») en médiologie se rapporte plus précisément à la médiation, à ce qui relie et fait du nous, en somme le milieu.

LOUISE MERZEAU – *PENSER LA MÉDIATION*

A la suite de Bougnoux, penser la médiation en repensant la relation suivant le modèle « religieux », c'est-à-dire de structuration, de mise-ensemble de la communauté exige que l'on considère les médiations techniques comme un « enjeu » politique.

NATHALIE ROELENS – *SÉMIOTIQUE ET MÉDIOLOGIE : FRÈRES DE LAIT, PLUS QUE JAMAIS*

Ces réflexions se proposent de réinstaurer un dialogue trop longtemps jugé impossible entre une médiologie friande de matérialité et une sémiologie à l'affût d'effets de sens. De nos jours plus que jamais les deux approches semblent œuvrer de concert. Et le passage des *Cahiers de médiologie* à la revue *Médium* d'accompagner cette « sensibilisation » et ce « délestage » de la médiologie. La sémiotique, pour sa part, se penche de plus en plus sur les dispositifs énonciatifs des discours ou des images. Elle tente par conséquent de répondre à un des questionnements fondamentaux de la médiologie, à savoir : comment un Verbe se fait-il Chair ?

PIERRE LÉVY - *POUR UNE LANGUE DE L'INTELLIGENCE COLLECTIVE*

En marge de la médiologie, avec laquelle il possède certes de nombreuses affinités mais également des différences, Pierre Lévy nous propose un projet de langue de l'intelligence collective, également appelé Web Sémantique. L'essai en expose les contours, particularités et qualités.

OLIVIER BLONDEAU - « *BECOME THE MEDIA !* » *DU POST-MEDIA AU MEDIASCAPE*

Cet article propose un tour d'horizon des derniers développements dans le monde des médias ainsi qu'une réflexion sur le journalisme. L'apparition de médias alternatifs importent moins par le malaise qu'ils provoquent dans le champ journalistique que pour les nouveaux circuits de communication et les nouvelles formes de collaboration sociale qu'ils créent.

WAYNE WOODWARD - *DIALOGUE TRANSATLANTIQUE : HAROLD INNIS, JAMES CAREY ET LE PROJET MÉDIOLOGIQUE*

La notion de « partialité » du chercheur canadien Harold Innis propose un véritable cadre théorique et méthodologique pour la recherche sur le développement historique des systèmes de médias, ainsi que pour le développement de critères de réflexion sur les médias. La façon dont Innis a ouvert la voie pour le type de recherche développé plus tard par l'Américain James Carey est à mettre en parallèle avec le rôle qu'a joué André Leroi-Gourhan dans le développement de la médiologie par Régis Debray. Il s'agira ici de mettre en lumière aussi bien les affinités que les différences entre Carey et Debray dans leur approche des notions de communication et de transmission, y compris l'incorporation du temps comme « medium » de la participation sociale. Par ailleurs, l'apport de l'Américain Gregory Ulmer à de nouveaux modèles pour la construction d'un champ théorique pourrait aussi contribuer à de futures innovations en médiologie, en particulier, à une forme de médiologie comme contre-pratique aux paradigmes modernistes.

STÉPHANE SPOIDEN - *LES RENDEZ-VOUS MANQUÉS : DE LA MÉDIOLOGIE EN AMÉRIQUE*

Quelles sont les causes endogènes et exogènes de l'insuccès relatif ou de la méconnaissance de la médiologie en Amérique ? On tentera de répondre à cette question en passant en revue les divers phénomènes de rejet de la greffe médio sur le pied culturel américain. Les causes inhérentes à la méthode médiologique, parmi lesquelles on trouvera les résistances liées à la personnalité (politique) de son initiateur seront également discutées à partir des ouvrages aussi bien autobiographiques et politiques que médiologiques de Régis Debray.

JEFFREY MEHLMAN - *DU TOUR NÉO-CONSERVATEUR DANS LA PENSÉE FRANÇAISE : RÉFLEXIONS D'UN AMI AMÉRICAIN*

Sur fond de révélations personnelles sur les péripéties médiatico-éditoriales d'un article de Régis Debray pour le *New York Times* au moment des préparatifs de la guerre en Irak, cet essai propose une analyse des partis-pris et du parcours « chiasmatiques » de la carrière politico-intellectuelle de Régis Debray.

Civilization in French and Francophone Literature

Edited by Buford Norman and James Day

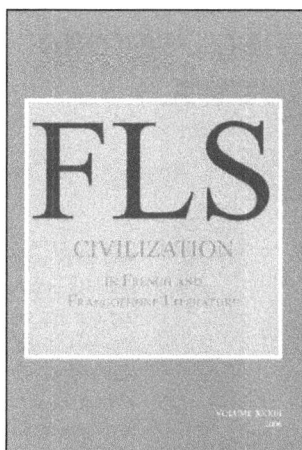

FLS

CIVILIZATION

IN FRENCH AND
FRANCOPHONE LITERATURE

VOLUME XXXIII

Contents

Introduction

George HOFFMANN: France's First Revolution: Hamlet and the "Unresolved Man" of 1589

Sue FARQUHAR: On Civility: The Model of Sparta in Montaigne's "Defence de Seneque et de Plutarque"

Scott JUALL: Of Cannibals, Credo, and Custom: Jean de Léry's Calvinist View of Civilization in *Histoire d'un voyage faict en la terre du Bresil* (1578)

Marcella MUNSON: Bien m'en avés rendu le conte: Redeeming economies in *Yvain*

Béa AARONSON: La Civilisation du goût: Savoir et saveur à la table de Louis XIV

Emmanuel BURY: Un idéal de la culture française entre humanisme et classicisme: "civiliser la doctrine"

Sophie ROLLIN: De la société de salon à la société de cour: l'ambivalence du processus de civilisation

Murielle PERRIER: Les traces ineffaçables de la civilisation dans *Paul et Virginie*

Laura BALLADUR: Work, Machines, and Vapors in Late Eighteenth-Century France

Nicolas DI MÉO: La représentation des populations noires dans l'œuvre de Paul Morand: enjeux idéologiques et politiques

Denise BRAHIMI: Roman et société dans la France contemporaine

Liliane Ayad TOSS: L 'image de la France dans le dialogue de Gaulle-Sirius: Suprématie politique et leadership humaniste

Hélène MERLIN-KAJMAN: Civilité: une certaine modalité du vivre-ensemble

Amsterdam/New York, NY,
2006 XI-219 pp.
(French Literature
Series XXXIII)
Paper € 46 / US$ 60
ISBN-10: 9042020490
ISBN-13: 9789042020498

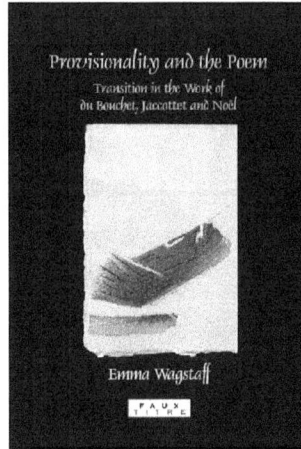

Age Rage and Going Gently

Stories of the Senescent Subject in Twentieth-Century French Writing

Oliver Davis

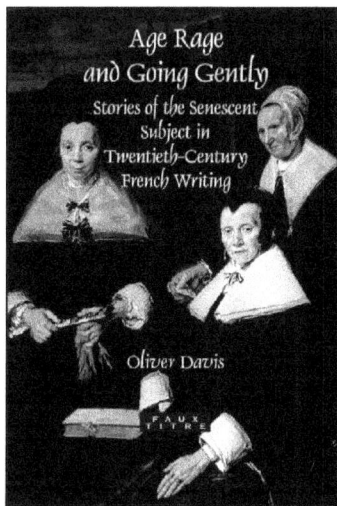

This wide-ranging study looks at how the ageing process has alternately been figured in and excluded from twentieth-century French literature, philosophy and psychoanalysis. It espouses a critical interdisciplinarity and calls into question the assumptions underlying much research into ageing in the social sciences, work in which the negative aspects of growing older are almost invariably suppressed. It offers a major reappraisal of Simone de Beauvoir's great but neglected late treatise, *La Vieillesse*, and presents the first substantial discussion of a lost documentary film about old age in which Beauvoir appears and which she helped to write, *PROMENADE AU PAYS DE LA VIEILLESSE*. Questioning Beauvoir's own rather reductive reading of Gide's work on old age, this study analyses the way in which his *Journal* and *Ainsi soit-il* experiment with a range of representational models for the senescent subject. The encounter between psychoanalysis and ageing is framed by a reading of Violette Leduc's autobiographical trilogy, in which she suggests that psychoanalysis, to its detriment, simply cannot allow ageing to signify. This claim is tested in a critical survey of recent theoretical and clinical work by psychoanalysts interested in ageing in France, the UK and the US. Lastly, Hervé Guibert's recently republished photo-novel about his elderly great-aunts, *Suzanne et Louise*, is examined as a work of intergenerational empathy and is found, in addition, to be an important statement of his photographic aesthetic. Navigating between the extremes of fury ('age rage') and serene acceptance ('going gently'), this study aims throughout to examine the role which ageing plays in formal, as well as thematic, terms in writing the life of the subject.

Amsterdam/New York, NY,
2006 225 pp.
(Faux Titre 283)
Paper € 45 / US$ 59
ISBN-10: 9042020261
ISBN-13: 9789042020269

USA/Canada:
295 North Michigan Avenue - Suite 1B, Kenilworth, NJ 07033,
USA. Call Toll-free (US only): 1-800-225-3998
All other countries:
Tijnmuiden 7, 1046 AK Amsterdam, The Netherlands
Tel. +31-20-611 48 21 Fax +31-20-447 29 79
Please note that the exchange rate is subject to fluctuations

Rodopi

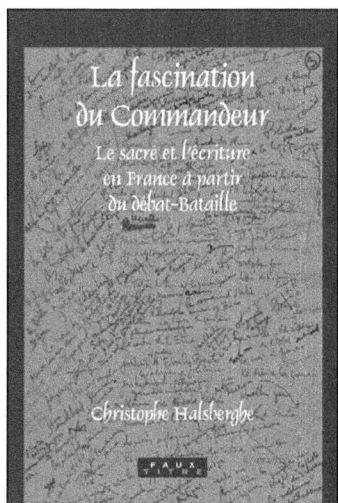

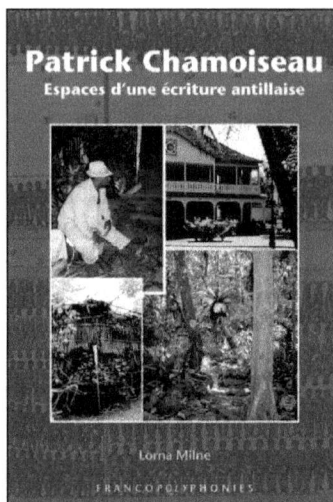

www.ingramcontent.com/pod-product-compliance
Lightning Source LLC
Chambersburg PA
CBHW072143020426
42334CB00018B/1865